Spomenka Mäder • Ein halbes Leben in der Hölle

Vorwort

Diese Geschichte habe ich nicht geschrieben, um mich zu rechtfertigen, sondern um möglicherweise anderen Menschen zu helfen, die unzufrieden mit ihrem Leben sind.

Heute bin ich glücklich, und das bringt mir die Erkenntnis, daß ich lernte, die durchlaufenen Stationen der Hölle zu akzeptieren. Ich befreite mich von dem 50jährigen Druck, der mir auf der Seele lastete.

Alle beteiligten Menschen mögen mir verzeihen, so sie negativ erwähnt werden. Verletzen will ich niemanden. Ohne Liebe aufzuwachsen, heißt nicht, ohne Liebe zu leben oder keine Liebe geben zu können.

Ich fühle mich nicht als schlechter Mensch, weil ich erst lernen mußte zu lieben. Meine Dackelhündin Bienchen liebe ich wie ein Kind, auch sie hat eine Seele. Sie zeigt mir offen ihre Gefühle und kennt auch die meinigen. An Tagen der Trauer tröstet sie mich, und schnell sind alle Tränen und traurigen Gedanken vergessen. Ihre überschwengliche Freude und Dankbarkeit als Reaktion auf positive Zuwendung entschädigt mich für vieles.

Ein halbes Leben habe ich nun hinter mir, doch ich freue mich auf die andere Hälfte in meinem Paradies, mit den Menschen, die mich lieben – und das sind viele.

Und dies ist meine Geschichte:

Ich bin im Paradies! In meinem Paradies! Denn ich liege an einem schattigen Plätzchen im Garten. Es ist ein herrlicher Sommertag, der Jasmin duftet, und die Vögel zwitschern. Ein Traum ist wahr geworden, die Prophezeihung hat sich erfüllt – ich bin zu Hause.

Wie immer bei soviel Schönheit und Frieden, zieht sich mein Herz zusammen, und ich muß die Augen schließen. Ich kann meine Gedanken nicht aufhalten, sie wandern zurück in die Vergangenheit, eine harte, grausame Vergangenheit. Mein Leben bestand lange Zeit nur aus Schmerz und Leid, und ich hatte gehofft, irgendwann vergessen zu können. Doch manchmal ist die Erinnerung überwältigend, und ich bin verloren. Dann fühle ich mich wie eine Walnußschale auf einem riesigen Ozean, und ich ertrinke in meinen Erinnerungen.

Wir wohnten in Belgrads Nobelviertel, Tito war unser Nachbar, als ich 1946 geboren wurde. Mein Leben begann mit einer Enttäuschung. Natürlich hatten sie einen Sohn erwartet. Wie in allen östlichen Staaten ist die Geburt eines Sohnes das größte Glück. Er garantiert den Erhalt des Namens, des Geschlechtes. Ein Mädchen aber, das kostet, denn es braucht früher oder später eine Aussteuer. Das ist ja nichts Neues, aber es ist eben etwas anderes, wenn man selbst so eine Enttäuschung ist. Niemand freute sich über mich.

Aber meine Mutter Milena war schon zuvor unglücklich gewesen. Den Mann, den sie in ihrer Jugendzeit über alles geliebt hatte, durfte sie nicht heiraten, denn er war nicht standesgemäß. Meine Mutter wurde zur Ehe mit meinem Vater, einem Beamten und Sohn eines Beamten, gezwungen. Es muß eine Ehe ohne Liebe gewesen sein, wie mir Tante Vera später erzählte.

Auf einer Reise lernte mein Vater Bely kennen, einen reichen Bauernsohn, der als Einkäufer für eine Möbelfabrik ebenfalls auf Reisen war. Die beiden wurden Freunde, und mein Vater brachte Bely als Gast in sein Haus. Meine Mutter verliebte sich in den Freund ihres Mannes. Ich wage nicht zu entscheiden, ob sie sich wirklich in ihn oder in sein Geld verliebte, vielleicht wollte sie auch nur ihre Langeweile vertreiben. Die beiden begannen eine Affäre, die außer meinem Vater niemandem verborgen blieb. Ein Arbeitskollege schließlich klärte den Gehörnten auf, und als dieser nach Hause kam, fand er das Liebespaar tatsächlich Arm in Arm vor, wie in einem schlechten Film. Meine Mutter hatte sogar schon die Koffer gepackt, um zusammen mit Bely das Haus zu verlassen. Der Stolz meines Vaters war tief verletzt, und er jagte beide davon. Doch auch Bely war verheiratet und Vater von zwei Kindern, einem Sohn und einer Tochter. Als seine Eltern von seiner Affäre erfuhren, verboten sie ihm die Rückkehr zum elterlichen Hof und gewährten seiner ersten Frau und den Kindern lebenslanges Wohnrecht. Nachdem beide geschieden waren, heira-

teten Bely und Milena. Da war ich ungefähr zwei Jahre alt.

Eigentlich war ich meiner Mutter lästig. In der Zeit der großen, heißen Liebe zu Bely überlegte sie sogar, mich zur Adoption freizugeben. Doch eigentlich wollte sie wohl nur meinen Vater strafen, der, wie ich später erfuhr, mich gerne zu sich genommen hätte. Doch auch mit meinem Stiefvater, den ich schon bald Papa nannte, hatte ich Glück, denn er liebte nicht nur meine Mutter, sondern auch mich über alles.

Er erwies sich als Verbündeter im Kampf gegen den Haß und die Gleichgültigkeit meiner Mutter. Bely schaffte es bald, seine Familie wieder zu versöhnen.

Die Besuche auf dem Bauernhof seiner Eltern waren für mich immer etwas Besonderes. Der Himmel hatte mir plötzlich neue Großeltern und Geschwister geschenkt. Vor allem aber hatte mich auch Belys erste Frau in ihr Herz geschlossen. Von der Frau, der meine Mutter so viel genommen hatte, erfuhr ich zum ersten Mal, was Mutterliebe bedeuten kann. Mein Hochachtung ihr gegenüber hat sich bis heute bewahrt. Sie hat nie wieder geheiratet und bis ins hohe Alter den Hof ihrer Schwiegereltern bewirtschaftet.

Bely war sehr oft auf Reisen, und so verbrachten meine Mutter und ich viel Zeit in Belgrad bei meinen Großeltern. Meine Mutter überschüttete ihre Eltern mit Geschenken. An einem Tag kam ein Wagen voller Holz und Kohlen, ein anderes Mal brachte sie ein Schwein mit nach Hause. Doch die Eltern zahlten einen Preis, denn Milena durfte sich nun wieder mit ihrer Jugendliebe treffen, und so bahnte sich die nächste Katastrophe an.

Ich wurde zum Spielen in den Garten geschickt und meine Großeltern durch die großzügigen Gaben zum Schweigen verdammt. Trotz der Liebe und Zuwendung meines Stiefvaters war meine Mutter nie zufrieden und suchte permanent Zerstreuung. Es gab Krach. Immer und immer wieder stritten Milena und Bely sich, und ich wurde auf mein Zimmer verbannt. Wehe, wenn ich wissen wollte, was los war. Meine Mutter betrog meinen Vater nicht nur mit ihrer Jugendliebe. Scheinbar war ihr jeder recht. Und Bely tobte.

Wenn meine Mutter unglücklich und unzufrieden war, war ich

ein willkommener Prellbock. Ich wurde bestraft und geschlagen. Dabei war sie nicht gerade wählerisch und ziemlich brutal. Eine dicke Leine, ein Besenstiel, der Gürtel meines Stiefvaters, alles war ihr recht. Bevor meine Mutter mich schlug, mußte ich mich ausziehen, denn meine Kleider durften nicht beschädigt werden. Ein Tag ist mir als ganz besonders schlimm im Gedächtnis geblieben. Meine Mutter hatte mal wieder Streit mit Bely gehabt, und auch mit ihrem neuesten Liebhaber war sie unzufrieden. Zu allem Überfluß mußte ich ihr beichten, daß ich zwei Fünfer in der Schule bekommen hatte. Meine Mutter war außer sich. Mit heruntergelassenem Höschen mußte ich mich über einen Küchenstuhl beugen, und meine Mutter schlug blindlings mit dem Gürtel auf mich ein. Doch ich weinte nicht. Ich kannte die Bestrafung ja schon und hatte mir angewöhnt zu beten. Ich betete, der liebe Gott möge mich zu sich holen und meinem Leiden endlich ein Ende machen. Mein trotziges Schweigen und das stille Weinen machten meine Mutter nur noch verrückter. Sie schrie und beschimpfte mich. Plötzlich wandte sie sich ab und ging auf den Küchenschrank zu. Sie öffnete eine Schublade und griff nach einem Messer. Voller Entsetzen sprang ich auf und lief schnell hinter den Küchentisch. In diesem Moment betrat eine Nachbarin das Zimmer, die das Geschrei gehört hatte. Ihrem beherzten Handeln habe ich vielleicht mein Leben zu verdanken.

Während sie meiner Mutter schwere Vorwürfe machte, verschwand ich still in meinem Zimmer. Ich war übersät von blauen Flecken und hatte eine Platzwunde am Popo. Ich konnte tagelang nicht sitzen und niemandem durfte ich den wahren Grund meiner Schmerzen verraten. Ich war wieder einmal die Treppe heruntergefallen.

Die Gebete zur Mutter Maria halfen mir in dieser schweren Zeit. Hatte Milena wieder einmal gesagt, daß ohne mich das Leben so schön sein könnte, wenn ich wieder mal geschlagen wurde oder kein Essen bekam, dann betete ich zu der Ikone, die über meinem Bett hing. Ich betete zum Abbild der Madonna und ich betete um Erlösung.

Niemand liebte mich, niemand umarmte oder streichelte mich, niemand sprach ein gutes Wort mit mir, niemand wollte mich.

Auch meine Großeltern ignorierten mich, wenn wir sie besuchten. Es gab nur Gespräche unter Erwachsenen, und ich wurde gar nicht beachtet. Wie oft lag ich im Bett, voller Wunden, die wochenlang nicht heilten, weil immer neue Schläge sie wieder aufrissen. Ich brauchte lange, bis ich mich erholte.

In der Schule war ich schlecht. Ich fragte mich, wozu ich lernen sollte, wo ich doch ganz fest damit rechnete, bald zu sterben. Bei den naturwissenschaftlichen Fächern war es ganz schlimm. Einzig Zeichnen und Handarbeit machten mir großen Spaß. Ich malte die heile Welt, die ich nicht hatte und so sehr vermißte. Ich malte Blumen und immer wieder die Sonne. Beim Häkeln und Sticken bewies ich viel Geschick. Ich schrieb auch Gedichte und Kurzgeschichten, die immer von einem traurigen Kind handelten. Einmal schrieb ich über ein kleines Mädchen, das ganz allein im Wald lebte und nur mit den Tieren befreundet war.

Freunde hatte ich keine. Da meine Mutter nicht wollte, daß jemand von den familiären Verhältnissen erfuhr, mußte ich nach der Schule gleich nach Hause kommen. Und ich durfte ja niemandem etwas erzählen. Ich war eine Außenseiterin. Trotz allem beendete ich die Grundschule und bestand sogar die Aufnahmeprüfung zur technischen Schule. Das gab mir ein ungeheures Selbstbewußtsein. Ich hatte aus eigener Kraft etwas geschafft, und sogar mein Wissen in Physik und Chemie war ausreichend. Endlich, endlich war ich nicht mehr das kleine, ungeliebte Kind. Ich war überglücklich und freute mich riesig über meinen Erfolg.

Und ich war auch dankbar. Mein Vater freute sich mit mir und wünschte mir Glück. Nur meine Mutter gönnte mir diesen Triumph nicht. „Das schaffst du sowieso nicht“, meinte sie, „als Wäscherin für die Reichen reicht es allemal“, war ihr bissiger Kommentar. Doch für mich eröffneten sich völlig neue Perspektiven. An der Schule begann ich eine Ausbildung zur Chemielaborantin. Zunächst war ich recht gut, doch zu Hause mußte ich mehr das Dienstmädchen spielen. Mutter arbeitete inzwischen bei einer Bank und bürdete mir den ganzen Haushalt auf. Natürlich gab es weder Waschmaschine noch Staubsauger oder andere Erleichterungen. Morgens um halb sechs stand ich auf und nahm von Mutter die Aufgaben für den Tag entgegen. Ein wöchentlicher Waschtag lief zum Beispiel wie folgt ab:

In der Badewanne wurde zunächst die Wäsche eingeweicht, dieses geschah am Abend zuvor. Waschpulver gab es natürlich nicht. Mit Waschbrett und Seife, die meine Großmutter aus Schweinefett und Soda selbst herstellte, wurde Stück für Stück im inzwischen kalt gewordenen Wasser bearbeitet. Ich war nur etwa 1,40 Meter groß, somit war das Waschen in der tiefen Wanne eine besondere Tortur. Mein Rücken schmerzte vom Bücken, und die Hände platzten regelmäßig auf von dieser ätzenden Seife. Zeitweise war es besonders schlimm, da aus diesen Rissen das Blut herauslief. Normale Wäsche wie Handtücher, Bettwäsche sowie Unterwäsche ließ sich einigermaßen behandeln. Besonders ekelig waren die Binden, die voller Blut waren, oder Taschentücher mit dem aufgeweichten Schleim. Diese Teile ließen sich besonders schwierig reinigen. Nach dieser Prozedur wurde die Wanne mit frischem Wasser gefüllt und der gesamte Waschvorgang wiederholt. Danach wurde die Wäsche mehrfach gespült. Das Auswringen mit meinen kleinen Händen fiel mir besonders schwer. Der Arbeitsablauf erstreckte sich über den gesamten Vormittag. Danach hängte ich alles auf die Leine.

Im Sommer war dieser Vorgang ganz angenehm, aber im Winter bei starkem Frost gefroren die einzelnen Teile schon in der Hand, noch bevor ich sie aufhängen konnte. Der Trockenplatz war durch ein Wellblechdach geschützt. Erst wenn alle Teile hingen, durfte ich wieder ins Haus gehen, um mich aufzuwärmen oder etwas zu essen. Dann durfte ich zum Unterricht eilen. Um diese Zeit kam Mutter meistens von der Arbeit heim und inspizierte sofort die auf der Leine befindlichen Wäschestücke. Falls sie irgendeinen Fleck entdeckte, wurde alles von der Leine gerissen, und der Waschtag begann für mich von vorn. Die Schule konnte ich an diesem Tag vergessen. Die Wäsche war ihr letztlich wichtiger als meine Ausbildung.

Zu den Aufgaben eines Dienstmädchens gehörte auch der Bereich Küche und Wohnräume. In der ganzen Wohnung gab es Holzfußboden. Der mußte regelmäßig mit einer Wurzelbürste abgeschrubbt, danach gewachst und schließlich poliert werden. Ich war immer schon sehr zierlich und hatte eigentlich nicht viel Kraft. Aber was blieb mir übrig. Ich reinigte den Herd und sorgte für neues Brennmaterial. Die Asche wurde ebenfalls entfernt. Vor dem erneuten Anzünden des Küchenherdes mußte die Herdplatte auf Hochglanz poliert werden. Eine schwarze Paste verteilte ich gleichmäßig. Sie diente als Reinigungsmittel und wurde mit Zeitungspapier aufgetragen. Nach dem Antrocknen abermals mit Zeitungen nachgearbeitet. Um gleichmäßigen Glanz zu erzielen, wurde auf die noch stumpfen Stellen gespuckt, dieses funktionierte auch mit Tränen. Erst danach entfachte ich erneut das Feuer. Weitere Heizquellen befanden sich noch im Wohn- und Schlafzimmer sowie im Kinderzimmer. Hier bedurfte es weniger Arbeitsaufwand, denn ich brauchte nur die Asche entfernen. Da Papa das Abfallholz kostenlos bekam, heizten wir fast ausschließlich mit Holz. Das Spalten der Holzblöcke besorgten in der Regel die Eltern.

Manchmal empfing meine Mutter Freundinnen zum Kaffeeklatsch. Um die Gespräche nicht mitzubekommen, wurde ich zum Holzhacken in den Keller verbannt. Solange Mutter meine Geräusche hörte, konnte sie sicher sein, daß ich ihre Gespräche nicht belauschte. Natürlich passierte das Unvermeidliche, und ich verletzte mich mit der scharfen Axt an der linken Hand. Weinend und stark blutend, stürmte ich ins Wohnzimmer. Die Reaktion auf diese unnötige Störung ihrer Unterhaltung war entsprechend. „Hättest du dir doch bloß deinen Kopf zerschlagen, da ist sowieso nichts drin“, war ihr sarkastischer Kommentar. Ich erinnere mich noch genau daran, wie sie diese Wunde behandelte. Es war eine bestialische Tortur. Aus Zigarettenasche und meinem Urin mischte sie eine Masse und legte diese auf die Wunde. Das Brennen in der offenen Wunde trieb mir abermals die Tränen in die Augen.

Einziger Lichtblick in dieser Situation war, die nächste große Wäsche brauchte und konnte ich nicht machen. Zwischendurch schlug Mutter mich immer noch. Entweder waren meine Noten schlecht oder die Hausarbeit nicht ordentlich verrichtet. Aber beides konnte ich einfach nicht schaffen.

Die schönste Zeit meiner Kindheit verbrachte ich in den Ferien bei Tante Vera (Mutters Schwester) und Onkel Sascha. Während der Sommerferien, von Anfang Juni bis Ende August, lebte ich bei ihnen auf dem Lande, ca. 20 km von Belgrad entfernt. Die Erlaubnis, bei Tante Vera Urlaub zu machen, war nicht uneigennützig von Mutter gegeben worden, denn so konnte sie mit Vater ungestört Urlaub an der Adria machen. Volle drei Monate lang konnte ich meine Freiheit genießen. Onkel Sascha war Bahnbeamter, und so bewohnte er mit seiner Frau ein Haus der Bahn in der Nähe des Stellwerkes. Es lag auf einem Hügel mit einer herrlichen Aussicht. Ich konnte die ganze Umgebung überblicken und den Leuten in den vorbeifahrenden Zügen zuwinken. Zum ersten Mal bekam ich Fernweh.

Bei Tante Vera gab es einen geordneten Tagesablauf. Sie hatte eine Halbtagsstelle als Friseurin in Belgrad, wohin sie mit dem Zug fuhr. Das Essen kochte sie meistens am Vortag, damit es nach der Arbeit dann nur noch aufgewärmt zu werden brauchte. Auch brauchte ich bei ihr keine Wäsche zu waschen, diese Arbeit wurde von einer Zigeunerin erledigt. In der Nähe dieser Frau war ich oft zu finden, denn sie hatte schon das ganze Land bereist und wußte viele schöne Geschichten zu erzählen.

Meine einzige Pflicht war es, für frisches Brot zu sorgen, das ich aus dem nahegelegenen Ort holte. Gemüse und Obst hatten sie selbst im Garten, denn der Markt des kleinen Ortes bot kaum frisches Obst und Gemüse. Die Bauern aus der Umgebung brachten ihre Agrarartikel fast alle nach Belgrad auf den Markt. Dort ließen sich bessere Preise erzielen, und der Umsatz war ebenfalls größer.

Damals war das übliche Transportmittel für den einfachen Bauern die Bahn. Alles, was ins Abteil paßte, wurde mitgenommen, egal ob Obst, Gemüse oder Federvieh, sogar Spanferkel transportierte man auf diese Weise.

Auch wenn Tante Vera auf der Arbeit war, gab es für mich keine Langeweile. Sie hatte einen wuchtigen Bücherschrank mit einer großen Auswahl bekannter Autoren. Endlich hatte ich mal Zeit für mich und durfte lesen, was immer ich wollte. Mein besonderes Interesse galt den Werken mit traurigen und sehr bewegenden Geschichten wie z. B. „Rebecca“ von Daphne du Maurier, „Vom Winde verweht“ von Margret Mitchell oder „Arc de Triomphe“ von Remarque.

Ich saugte den Inhalt förmlich in mich auf, und mir eröffneten sich Traumwelten. Wenn es dann abends zu den üblichen Stromabschaltungen kam, las ich im Licht einer Kerze oder der Petroleumlampe weiter. Diese Abschaltungen kamen in den abgelegenen Regionen häufig vor, um den Bedarf der Metropolen abzusichern. Niemand machte mir Vorschriften, wann ich ins Bett zu gehen hatte.

Wenn das Wetter gut war, beschäftigte ich mich auch gerne mit Diana. Diana, eine deutsche Dogge, war ein sehr großes, anhängliches Tier mit sanften Augen. Leider gestaltete sich der Umgang mit ihr manchmal sehr schwierig, denn ihr Fell war von Flöhen übersät. Wenn ich aber mit ihr spielte, Stöckchen warf und mit ihr herumtollte, hatte ich manchmal das Gefühl, als wüßte Diana über meine mißliche Lage genau Bescheid. In das Haus durfte der Hund nicht mit hinein, auch an der Leine ausführen gab es damals nicht. Der Hund hatte seine Daseinsberechtigung nur, um Haus und Hof zu bewachen und zu schützen.

Oft schaute ich Onkel Sascha bei seinem Hobby, der Bienenzucht zu. Er besaß etwa zwanzig Bienenvölker, mit denen er sich stundenlang beschäftigen konnte. Er ist von den Bienen nie gestochen worden, während Tante Vera und ich nicht einmal in die Nähe kommen durften. Selbst Diana durfte sich den Stöcken nicht nähern, auch sie bekam ihr Fett weg. Bis heute ist dies für mich immer ein Rätsel geblieben. Ein Großteil des Honigs wurde verkauft, ebenfalls das eingeschmolzene Wachs. Es war ein willkommenes Zubrot in den damals mageren Zeiten. Der Rest des Honigs, von dem ich oft naschen durfte, lagerte im Keller.

Tante Vera achtete sehr auf ihr Äußeres, und aus diesem Grund stellte sie sich häufig aus Honig, Eigelb und Zitronensaft eine Gesichtsmaske her. Das erste Mal in meinem Leben durfte ich „ausgehen“. Dieser Tanzabend fand unter den Insignien der Kirche im Gemeindehaus statt, unter den Argusaugen von Onkel und Tante. Wenn ich heute über diese Situation nachdenke, kommt es mir vor wie in einem Film. Tante Vera hatte mir schon zu Beginn der Ferien meine langen Zöpfe abgeschnitten und mir ein paar hübsche Kleider gekauft. Ich war fünfzehn Jahre alt und zum ersten Mal fand ich mich richtig chic.

Zu dieser Zeit wurde gerade die Autobahn Belgrad-Nis gebaut, und die als Arbeitskräfte eingesetzten Soldaten waren vornehmlich unsere Tanzpartner. Wie auf einer Perlenschnur aufgereiht, standen sich Männlein und Weiblein gegenüber. Natürlich waren wir alle sehr scheu und schüchtern und wagten es nur, unter gesenkten Augenlidern die entsprechenden Tanzpartner auszusuchen. Jede von uns hielt damals Ausschau nach ihrem Traummann, doch der Wunschpartner war nicht unter ihnen. Mein Traum war es, einen Mann wie Onkel Sascha kennenzulernen, ein Typ wie „Engelbert". Die Tanzabende vergingen, aber „er" kam nicht.

Als sich die Ferien ihrem Ende zuneigten, regten sich in mir wieder diese Angstgefühle. In den zurückliegenden Wochen hatte ich alles Schlechte aus meinem Elternhaus verdrängt, denn in der ganzen Zeit hatte es keinen Streit gegeben, sondern mir bis dahin unbekannte Harmonie. Dieses friedliche Miteinander ließ mich alles andere vergessen, und ich fand es recht schade, daß Onkel Sascha und Tante Vera in ihrer Ehe kinderlos blieben.

Meine schlimmsten Befürchtungen bewahrheiteten sich. Als Mutter mich abholte und meine neue Frisur und die Kleider sah, bekam ich sofort wieder Schläge und erneute Einschränkungen sowie ein Ausgangsverbot. Schlimmer als die ganzen Schläge war das Verbot, Tante Vera jemals wieder zu besuchen.

Mein „Stiefvater", der dem Alkohol nie ganz abgeneigt war, ist nun zum Alkoholiker geworden, denn die dauernden Streitereien mit meiner Mutter trieben ihn geradewegs dort hinein. Die Kräche zwischen meinen Eltern arteten immer weiter aus. Wenn Vater volltrunken heimkam und Mutter ihn dann noch mit Vorwürfen überschüttete, kam es immer häufiger zu Handgreiflichkeiten.

Mutter war nicht diejenige, die Schläge kommentarlos über sich ergehen ließ. Sie schlug zurück. Da sie sich ihrer körperlichen Unterlegenheit sehr wohl bewußt war, hörte sie nach einiger

Zeit damit auf, um ihre Niederlage nicht eingestehen zu müssen. Wenn Mutter ihn dann in Ruhe ließ, veschwand er in der nächsten Kneipe, um dort in aller Ruhe weitertrinken zu können. Mutter beruhigte sich keinesfalls, denn ihre Niederlage mußte in einen Sieg umgemünzt werden. Jetzt bekam ich ihren Zorn zu spüren, indem sie blindwütig auf mich einschlug.

Eines Tages wurden meiner Mutter diese Streitereien zuviel. Sie verließ Vater und nahm mich mit. Ich war sehr traurig darüber, denn Vater und ich verstanden uns immer ganz prächtig. Mittellos und ohne Bleibe, waren wir bei der Oma nicht gerne gesehen, jedoch Mutter verstand es schon immer recht gut, sich mit Geschenken einzuschmeicheln. Einige Tage lebten wir bei Oma, doch dann stand der Papa vor der Tür. Er liebte meine Mutter und mich so sehr und wollte uns zurückholen. Zwischen den Eltern gab es eine lange Aussprache, deren Inhalt ich nie erfuhr. Als Ergebnis dieser Unterredung fuhren wir mit ihm nach Hause zurück.

In der darauffolgenden Zeit hörten die Streitereien fast vollkommen auf. Um so weniger verstand ich es, daß es weiterhin genügend Gründe gab, mich zu verprügeln. Eines Tages wollte und konnte ich die Schläge und die Unberechenbarkeit meiner Mutter nicht mehr ertragen. In mir reifte der Plan, mein Elternhaus für immer zu verlassen. Meinen ersten Gedanken, zu Tante Vera zu gehen, verwarf ich sofort wieder. Mutter würde mich dort sofort finden. Dann kam mir der Gedanke, meinen leiblichen Vater zu suchen. Denn ich wußte, daß er Erkundigungen über mich eingezogen hatte. Das gab mir Anlaß zur Hoffnung, er würde mich nun bei sich haben wollen. Von Tante Vera bekam ich die Adresse seiner Eltern, von dort aus wollte ich ihn suchen.

Von dem Tag an bereitete ich meine Flucht vor. Ich erkundigte mich nach Zügen und begann, Mutters Geldbörse zu kontrollieren, da ich von niemandem sonst Geld hätte nehmen oder bekommen können. Als sie eines Tages genügend Geld im Portemonnaie hatte, stahl ich es. Wie für einen normalen Schultag bereitete ich mich vor und verließ das Haus mit meiner Schultasche. Nur an diesem Morgen waren keine Bücher darin enthalten, sondern ein paar Lebensmittel und einige persönliche Kleinigkeiten. Ich war voller Angst, denn ich meinte, jeder müsse mir ansehen, was ich vorhatte. Ich lief auf direktem Weg zum Bahnhof, die Abfahrtszeiten der Züge waren mir ja gut bekannt.

Bei der Abfahrt des Zuges kochte die Abneigung gegen meine Mutter in mir noch einmal auf. Mit jedem Kilometer, den ich zwischen sie und mich brachte, fühlte ich mich freier. Doch auch ein mulmiges Gefühl und viele Fragen quälten mich. Finde ich meinen leiblichen Vater? Will er mich überhaupt haben? Wie wird er mich behandeln? Schlimmer als bei Mutter kann es nicht werden! Mit diesen Gedanken im Kopf schlief ich schließlich ein und wachte erst kurz vor Belgrad wieder auf.

In Belgrad angekommen, war schon das Wetter gegen mich. Vollkommen durchnäßt erreichte ich nach einigen Fragen die angegebene Adresse. Niemand war zu Hause. In mir stieg die Angst hoch. Ich traute mich nicht, die Nachbarn zu fragen, wo die Großeltern wohl sein könnten. Neben dem Haus stand ein alter Schuppen für Holz und Geräte. Ich versteckte mich zwei lange Tage und Nächte darin. Vor Regen war ich so geschützt, aber nicht vor der Kälte. Nach zwei Tagen war ich einer Panik nahe. Meine Lebensmittel waren aufgebraucht, und Geld hatte ich auch keines mehr. In meiner Angst versuchte ich, irgendwie in das Haus zu kommen, aber alle Fenster und Türen waren fest verschlossen.

Also schlich ich wieder in den Schuppen, um weiter zu warten, in der Hoffnung, die Großeltern müßten nun bald wiederkommen. Bei meinen verzweifelten Versuchen, in das Haus zu gelangen, hatte mich ein Nachbar beobachtet und die Polizei verständigt, die nicht lange auf sich warten ließ. Ohne Angst fuhr ich mit den Polizisten auf das Revier. Bei der nachfolgenden Befragung versuchte ich, den Beamten meine Situation zu erklären.

Ich sagte, ich wartete auf meine Großeltern, die mir die Adresse meines leiblichen Vaters geben sollten. Wie ich erfuhr, hätte ich lange warten können, denn die Großeltern waren zur Kur gefahren.

Es geschah genau das, was ich vermeiden wollte. Man verständigte meine Mutter. Noch am selben Tag holte sie mich mit einem bittersüßen Lächeln von der Belgrader Polizei ab. Wir fuhren mit der Bahn nach Hause. Auf der Heimfahrt unterhielt sich meine Mutter sehr angeregt mit den Mitreisenden. Nie ließ sie einen Außenstehenden merken, was wirklich in ihr steckte. Ich hatte die ganze Zeit über Bauchschmerzen, weil ich mir ausmalte, was wohl zu Hause passieren würde.

Daheim angekommen, begann sofort das Strafgericht. Sie schlug mich mit allen Gegenständen, derer sie habhaft werden konnte. Sie könne mir nie mehr verzeihen, daß ich ihr Geld gestohlen hätte. Mein ganzer Körper war zerschunden und mit blauen Flecken übersät. Dazu kam dann noch eine schwere Bronchitis, die ich mir in den zwei Tagen in dem alten Schuppen zugezogen hatte. Nach vier Wochen war die Bronchitis einigermaßen auskuriert und auch die anderen Wunden soweit verheilt, daß ich wieder auf die Straße gehen konnte.

Durch meine lange Abwesenheit hatte ich meinen Platz in der Schule verloren. Ob alleine durch die Abwesenheit oder ob meine Mutter mich einfach abgemeldet hatte, habe ich bis heute nicht erfahren. Es gab für mich auf jeden Fall keine Möglichkeit mehr, an die Schule zurückzukehren. Zu diesem Zeitpunkt wollte sie mich mit allen Mitteln arbeiten schicken.

Damals gab es in unserer Stadt einige Möglichkeiten für ein junges Mädchen, Arbeit zu bekommen. Mein Wunsch war es, in einer großen Fabrik für Herrenbekleidung zu arbeiten. Also sprach ich in der Personalabteilung vor. Man sagte mir, nach einer Ausbildung als Schneiderin könne ich anfangen.

Ich absolvierte die dreimonatige Ausbildung und konnte dann wirklich sofort anfangen. Endlich war ich wenigstens für einen Teil des Tages aus dem Haus und – ich hatte nun mein eigenes Geld.

Man schickte mich in die Abteilung für die „Innereien“ der Anzüge, das heißt, wir mußten die Futterstoffe zuschneiden, nähen und für die einzelnen Anzüge gesondert kennzeichnen. Alle Kolleginnen und Kollegen waren sehr nett zu mir. Was ich in der Schule nicht schaffte, gelang mir hier. Unterhaltungen waren auf einmal möglich. Man hörte mir zum erstenmal zu, wenn ich etwas erzählte, und zwischendurch wurde gescherzt und gelacht. Ich entwikkelte ein völlig neues Selbstwertgefühl. Nicht nur geduckt und jeden Moment auf Schläge wartend, sondern mit erhobenem Kopf und geradem Blick konnte ich meinen Kollegen gegenübertreten. Ich wußte und konnte etwas, war somit den anderen gleichgestellt. Das Betriebsklima war gut, und langsam entwickelten sich Freundschaften, die ich nach Feierabend jedoch nicht pflegen konnte. Nachwievor bestimmte meine Mutter nach Dienstende mein Leben, denn ich war erst siebzehn und konnte nicht von zu Hause wegziehen.

Um meinen Arbeitsplatz in der Firma nicht zu gefährden, tat ich alles, um meinen Vorgesetzten positiv aufzufallen.

Ich hätte sogar länger als acht Stunden gearbeitet, nur um nicht bei einer eventuellen Entlassungswelle dabei zu sein. Meine Lebenseinstellung wurde deutlich positiver. Hatte ich früher zur Mutter Maria gebetet, daß sie mich zu ihr nehmen möge, betete ich nun darum, leben zu dürfen. Mein Martyrium zu Hause ertrug ich inzwischen mit einer gewissen Gelassenheit. Ich erwartete mein erstes Gehalt, das zu der Zeit noch in bar ausgezahlt wurde. Diesen Schatz drückte ich fest an mich, denn mir war klar, wollte ich von zu Hause ausziehen, brauchte ich Geld. Meine Mutter muß es geahnt haben, denn an diesem Tag erwartete sich mich schon an der Tür, um mir mein Geld bis auf den letzten Dinar abzunehmen.

Zum ersten Mal protestierte ich lautstark: Ich brauche das Geld, um mir eine Wohnung zu suchen. Als Antwort auf die Unverschämtheit, ihr zu widersprechen, schlug sie mir ohne auszuholen mit dem Handrücken auf den Mund. Sie schlug so fest zu, daß mir die Lippen aufplatzten und sie sich an meinen Zähnen selbst verletzte.

„Solange du deine Füße unter meinen Tisch setzt, bestimme ich, was getan wird, und du darfst mir nie mehr widersprechen!“ So schrie sie mich an. Mit meinen zerschlagenen Lippen war ich dazu sowieso nicht mehr in der Lage. Als nach einigen Tagen meine Lippen einigermaßen verheilt waren, gab sie meiner Bitte nach einem neuen Kleid mit mürrischer Miene nach. Bis zu diesem Zeitpunkt lief ich noch immer in Schulmädchenkleidern herum.

Natürlich wurde das Kleid von meinem Geld gekauft, aber aussuchen durfte ich es nicht.

Es war mein Glück, daß sich um diese Zeit herum Papas Dienstplan änderte. Er war nur noch selten auf Dienstreise und verlangte von meiner Mutter ihre Anwesenheit zu Hause. Daß sie ihre Arbeit aufgeben mußte, paßte meiner Mutter überhaupt nicht, da sie nun über ihre Zeit nicht mehr frei verfügen konnte. Vater verlangte das Essen pünktlich auf dem Tisch, und waschen mußte sie, bedingt durch meine Arbeit, auch selbst. Durch seine häufigere Anwesenheit zu Hause erfuhr Vater von meinen Problemen mit Mutter. Immer öfter ergriff er für mich Partei. Dadurch standen dann am Wochenende nicht immer nur Arbeit, sondern hin und wieder auch mal Vergnügungen auf dem Plan.

Die Zeit verging, und ich verstand mich blendend mit Vater. Da er jedoch so oft zu Hause war, fingen die Streitereien, sogar die Schlägereien zwischen den Eltern wieder an. Das Jahr 1963 neigte sich langsam dem Ende zu, und da im damaligen kommunistischen Jugoslawien Weihnachten nicht gefeiert werden durfte, war die Silvesternacht der Höhepunkt des Jahres. Damit ich teilnehmen durfte, schmuste ich schon Wochen vorher mit Papa, damit er meine Mutter überredete, mich zu einer Silvesterparty gehen zu lassen. Eine bestimmte Party hatte ich auch schon im Auge. In meiner Firma wurde alljährlich eine Silvesterfeier organisiert. Große Räumlichkeiten gab es genug. Nähsäle wurden ausgeräumt und geschmückt. Die Silvesternacht kam, und ich hatte die Erlaubnis mitzufeiern.

Ich freute mich auf diesen Abend wie ein kleines Kind. Die Nacht zuvor schon konnte ich nicht mehr schlafen. Ständig schaute ich auf die Uhr, die Zeit wollte einfach nicht vergehen. Ich sollte zwar schon um ein Uhr zu Hause sein, aber auch das konnte meine Hochstimmung nicht trüben. Tante Vera hatte über Freunde gute Beziehungen ins Ausland, und so bekam ich von ihr ein modernes, schickes Kleid geschenkt. Ich kann mich noch genau erinnern, wie es aussah. Ein schwarzes, ärmelloses Kleid mit einem kleinen runden Ausschnitt, in dessen Oberteil silberne Fäden eingewebt waren. Das Kleid lag in der Taille sehr eng an, und der weite Rock umspielte mir gerade noch die Knie. Das Kleid betonte mein Figur sehr vorteilhaft. Dazu hatte ich mir eine Stola gehäkelt, die das ganze Bild elegant abrundete. Schminke hatte ich gar nicht nötig. Tante Vera meinte immer zu mir, ich hätte eine wunderschöne Haut.

Sie nannte mich dann manchmal „meine Pfirsichblüte“. Auch meine halblangen braunen Haare bedurften keiner besonderen Pflege.

In dicken Stiefeln, denn es war draußen bitterkalt, trat ich den Weg zur Feier an. Ein wenig ängstlich war ich schon, denn ich wußte nicht, zu wem ich mich setzen sollte. Auf der Feier angekommen, zog ich die mitgebrachten Lackschuhe an und ging in den Saal. Meine Sorge verflog, denn auf jedem Platz stand ein Namenskärtchen. Meinen Namen fand ich sehr schnell. „Spomenka“, das heißt Vergißmeinnicht.

Meine Gedanken schweiften in die Ferne. Warum wohl hatten meine Paten diesen Namen ausgesucht? Hatten meine Eltern mich nicht lieber vergessen wollen? Schnell kehrten meine Gedanken in die Gegenwart zurück. Ich wollte doch ein fröhliches Silvester feiern.

Da ich sehr früh erschienen war, kannte ich nur wenige Gesichter. Um mich herum saßen meist ältere Kolleginnen und Kollegen. Nur der Platz neben mir war noch frei. Plötzlich setzte sich ein junger Mann auf den Stuhl. Er sah gut aus mit halblangen schwarzen Haaren, dunklen Augen und einem schwarzen Schnauzbart. Er stellte sich mit Damjan vor. Er war nicht sehr groß, aber er trug einen schicken Anzug mit Krawatte und einem weißen Hemd. Wir fingen an, uns zu unterhalten, und dann kam das Essen auf den Tisch. Der Sitte entsprechend, gab es als Vorspeise eine Rindfleischsuppe, danach Spanferkel. Doch all die leckeren Dinge konnten mich nicht dazu bringen, etwas zu essen. Meine Aufregung war einfach zu groß. Während des Essens erfuhr ich, daß mein Tischnachbar an der Organisation des Festes beteiligt gewesen war und daß ich nicht aus Zufall neben ihm saß. Er erklärte mir freimütig, daß er mich schon geraume Zeit im Auge gehabt hätte. Unangenehm war es mir auf keinen Fall. Innerhalb kurzer Zeit erfuhr ich von ihm einige persönliche Dinge.

Er sei der älteste von drei Geschwistern und 26 Jahre alt. Seine jüngere Schwester sei bereits verheiratet, und der Jüngste der drei sei zur Zeit bei der Armee. Er erzählte, daß er, wie sein Vater, Herrenschneider sei und seinen Meistertitel gemacht habe. Seine Mutter sei Hausfrau. Wir hatten gar nicht bemerkt, daß das Essen bereits beendet worden war. Drei Männer fingen an, zum Tanz aufzuspielen.

Zu meinem großen Entsetzen führte mich Damjan auf die absolut leere Tanzfläche, und wir eröffneten gemeinsam mit einem Walzer den Tanz. In diesem Moment war ich Tante Vera dankbar, daß sie mir das Tanzen beigebracht hatte. Im Verlauf des Abends konnte ich kaum einen Tanz auslassen, denn es herrschte ein akuter Damenmangel. Während ich mit anderen Männern tanzte, blickte ich aus den Augenwinkeln immer wieder zu Damjan und merkte, daß auch er mich nicht aus den Augen ließ. Der Abend verging wie im Flug, und ich schaute dauernd auf die Uhr, um auf keinen Fall zu spät nach Hause zu kommen.

Wenn ich manchmal eine Ruhepause zwischen den Tänzen einlegte, war Damjan immer zur Stelle. Mit der Zeit wurden seine Fragen an mich immer persönlicher. Als ich ihm auf die Frage nach einem Freund ganz spontan und empört antwortete: „Hätte ich einen Freund, dann hätte meine Mutter mich längst umgebracht“, war er sichtlich erstaunt, aber die Fragerei nach Eltern, Geschwistern und Wohnung ging munter weiter.

Mitternacht rückte immer näher, und draußen bereiteten schon einige Mitarbeiter das Feuerwerk vor. Punkt Mitternacht ging das Licht aus, und um uns herum begann eine Küsserei. Damit ich nicht irgendwem in die Hände fiel, hielt mich Damjan ganz fest an sich gedrückt. Damjan versuchte sein Glück bei mir. Aber als sich seine Lippen den meinen näherten, drehte ich den Kopf, und sein Kuß landete auf meiner Wange.

Er akzeptierte in diesem Moment mein Verhalten. Einige Male tanzten wir noch zusammen, dann rückte der Zeiger unbarmherzig der vollen Stunde entgegen.

Die Angst vor Mutter ließ mich den Heimweg pünktlich antreten. Damjan bat mich, den Heimweg mit ihm zusammen zu gehen.

Erfreut über das Angebot, sagte ich ja. Draußen war es bitterkalt, frischer Schnee war gefallen. Es war glatt, und Damjan versuchte, sich bei mir einzuhaken. Als er meinen Arm berührte, zuckte ich zurück. „Laß es bitte“, sagte ich, „wenn meine Mutter das erfährt, schlägt sie mich tot!“ Beeindruckt, daß ich so einen Respekt vor meiner Mutter hatte, gingen wir nebeneinander weiter. Zu diesem Zeitpunkt konnte er nicht ahnen, zu welchen Dingen meine Mutter fähig war. Je näher wir meinem Elternhaus kamen, desto unruhiger wurde ich. Zum Glück war die Straße dunkel. In unserem Wohngebiet gab es keine Straßenbeleuchtung, so daß Mutter, die am Fenster stand, uns nicht erkennen konnte.

Zum Schluß, vor der Haustür, schaffte es Damjan dann doch noch, mir einen Kuß abzuringen. Der erste Kuß sollte doch eigentlich ein Erlebnis sein, aber für mich war er es nicht. Damjan war ein starker Raucher, und der Geschmack war einfach ekelig. Ich beeilte mich, ins Haus zu kommen, um mir die Zähne zu putzen. Bevor ich im Haus verschwand, bat mich Damjan noch, ihn am nächsten Tag ins Kino zu begleiten. „Du wirst sehen, ob ich kommen darf, denn ich muß erst Mutter fragen.“ Schnell ging ich ins Haus.

Mutter war beruhigt, denn ich war zur vorgegebenen Zeit zurück. Ein Interesse für meinen Abend hatte sie natürlich nicht bekundet. Ich ging zu Bett. Da meine Gefühle zu diesem jungen Mann in mir noch nicht geweckt waren, konnte ich, ohne über den Abend nachzudenken, einschlafen. Beim Frühstück am nächsten Morgen wurde über den vergangenen Abend nur kurz gesprochen. Auf meine Frage, ob ich am Abend mit einem Arbeitskollegen ins Kino gehen dürfte, erhielt ich die Antwort: „Wenn du verheiratet bist, kannst du ins Kino gehen, so oft du willst.“ Damit war meine Frage für alle Zeiten beantwortet.

Damjan wartete lange vor dem Kino auf mich und sah sich den Film zum Schluß alleine an. Nach zwei Tagen trafen wir uns in der Firma wieder, und er fragte mich, warum ich ihn versetzt hätte. Ich erklärte es ihm mit Mutters Worten. Verdutzt, aber mit einem Lächeln auf dem Gesicht, erklärte er mir: „Wenn das so ist, dann werde ich dich eben heiraten!“ Mir blieb der Mund offen vor Staunen. Wie ernst ihm diese Worte waren, konnte ich zu dem Zeitpunkt noch nicht ahnen. Wir redeten dann in der Pause noch über alles Mögliche, und nach Feierabend erwartete er mich am Werkstor.

Er eröffnete mir spontan, daß er zu meinen Eltern kommen und um meine Hand anhalten wolle. Für eine Heirat stand jedoch noch die wichtigste aller Fragen im Raum: meine Unschuld. Mit einem gewissen Grad Trotz, aber auch nicht ohne Stolz, sagte ich ihm, daß es für mich noch keinen anderen Mann im Leben gegeben hätte. Nach den Worten: „Morgen komme ich zu deinen Eltern und halte um deine Hand an", gingen wir getrennt nach Hause.

Dieser Abend sollte mir immer in Erinnerung bleiben. Soviele Gedanken stürmten auf einmal auf mich ein. In mir reifte die plötzliche Erkenntnis, daß dieser Schritt für mich die Freiheit bedeuten würde: Fort von Mutter und keine Schläge mehr.

Gemäß der Sitten und Gebräuche kam er wirklich am nächsten Tag zu uns. Seine Eltern begleiteten ihn, denn selbst ein junger Mann mit sechsundzwanzig Jahren durfte in dieser Region einen solchen wichtigen Schritt nicht alleine entscheiden. Alle saßen um einen Tisch herum, und ich mußte bedienen.

Die zukünftigen Schwiegereltern sollten sehen, was für eine gute Hausfrau ich sein würde. Mutter präsentierte sich von ihrer besten Seite: freundlich und als liebevolle Mutter. Wie immer verstand sie es, ihr wahres Gesicht zu verbergen. Was meine Fähigkeiten betraf, brauchte sie nicht einmal zu lügen. Ihre schroffen und rüden Erziehungsmethoden hatten mich zu einem ordentlichen, sauberen und unterwürfigen Mädchen werden lassen. Ohne Umschweife fragte Damjans Vater nach der Mitgift. Etwas verlegen, doch mit festen Worten, antwortete meine Mutter daraufhin, sie seien immer arm gewesen, Reichtümer könnten sie nicht bieten. Außer etwas Tisch- und Bettwäsche könnten sie nichts geben. Hinzu käme noch eine ziemlich wertvolle Nähmaschine. Schließlich trumpfte sie noch mit dem einzigen auf, was ich zu bieten hatte, meine Unschuld.

Nach einigem Hin und Her und etlichen Gläsern Sliwowitz wurde man sich einig. Am Wochenende der folgenden Woche sollte unsere Verlobung gefeiert werden, und in knapp drei Monaten, nach meiner Volljährigkeit, sollte die Hochzeit stattfinden. Ich traute mich nicht, an die Abmachungen zu glauben, waren die letzten Absprachen doch mehr oder weniger im Vollrausch aller Beteiligten getroffen worden. Die Wiederherstellung der Ordnung im Haus blieb mir überlassen. Während ich aufräumte und spülte, lief der Abend noch einmal vor meinem geistigen Auge ab.

Plötzlich kamen mir Zweifel. In so kurzer Zeit sollte ich einen Mann heiraten, den ich kaum kannte. Meine Gefühle sagten mir zu diesem Zeitpunkt noch nichts von Liebe. Gehörte sie nicht dazu? Kommt sie später? Erfahrungen konnte und durfte ich vorher nicht sammeln. Noch nie hatte ich die sogenannten Schmetterlinge im Bauch gefühlt. Was kam da auf mich zu?

Auch mich überkam nach diesem aufregenden Tag die Müdigkeit. Küche und Wohnraum waren sauber aufgeräumt, also durfte auch ich ins Bett und schlief auch sofort ein.

Die Zeit bis zu unserer Verlobung verging schnell. Wir trafen uns noch ein paarmal bis dahin, und erlaubt waren nur ein wenig Händchenhalten und ein kleines Küßchen. Nein, erlaubt waren sie auch nicht, aber wir nahmen uns das Recht. Mutter ging mit mir schon Tage vorher zum Einkaufen, brauchte sie doch einen Packesel.

Zu der damaligen Zeit hatte kaum jemand ein Auto. Von Vaters Bauernhof bekamen wir Wein und Schnaps aus eigener Herstellung, und sogar ein kleines Schwein wurde geschlachtet. Alle leicht verderblichen Lebensmittel wurden am Tag vorher eingekauft.

Der Sonntag kam und mit ihm alle Gäste. Es war nur eine Feier im engsten Familienkreis: Damjans Eltern, seine Schwester nebst Mann, meine Eltern und eine Nachbarin, die beste Freundin meiner Mutter. Zur Begrüßung wurde schon mal kräftig angestoßen. Als Mutter in der Küche mit der Zubereitung des Verlobungsessens fertig war, durfte ich servieren. Ich bekam vom Essen nicht viel mit, nur das, was ich in der Küche zwischen den Gängen so picken konnte. Nachdem ich die Essensreste beiseite geräumt und das Geschirr gespült hatte, konnte ich mich zu den Gästen setzen.

Alle waren guter Laune, denn während des Essens war der Wein reichlich geflossen.

Ein feierlicher Augenblick begann. Damjan griff in seine Anzugtasche und holte einen Ring hervor. Er nahm meine, noch vom Spülen feuchte Hand und steckte mir den Ring an. Was er in diesem Augenblick sagte, oder ob er überhaupt etwas sagte, weiß ich nicht mehr. Die Erinnerung an diesen Moment ist mir vollkommen entfallen. Die Anwesenden waren auf jeden Fall begeistert, und somit muß alles wohl richtig gewesen sein.

Ab diesem Zeitpunkt wurde mit Schnaps angestoßen. Aber bevor der Schnaps seine volle Wirkung entfalten konnte, mußten noch eine paar wichtige Dinge besprochen werden. Der Bräutigam mußte die Braut komplett ausstaffieren, und es wurde besprochen, wer wo was einkaufen mußte. Tante Vera sollte über ihre Beziehungen das Hochzeitskleid kaufen. Schuhe und Haarschmuck sollten aufgrund der größeren Auswahl in Belgrad gekauft werden. Damit es mir nicht bei der Hochzeit zu kalt würde, Ende März kann es bekanntlich noch sehr kalt sein, wollte Damjan mir einen weißen, warmen Wollmantel schneidern. Die Flaschen wurden leerer, die Gäste immer voller, und die Feier neigte sich ihrem Ende entgegen. Vollkommen aufgelöst wurde sie jedoch durch Mutters sichtliche Bereitschaft zum Streiten, als mich mein Vater in einer sentimentalen Anwandlung an sich drückte. Ob aus Wut oder Verzweiflung, ich weiß es nicht, verließ auch Vater mit den Gästen das Haus und kehrte erst sehr spät aus der Kneipe zurück.

In den folgenden Wochen und Monaten blieb mir noch mehr als genug Arbeit. Mein ganzes verdientes Geld mußte ich einbringen, denn es war die Pflicht der Braut, für die komplette Familie des Bräutigams und für die Trauzeugen Geschenke zu besorgen. So besorgte ich für die Frauen Kleiderstoffe, für die Männer Oberhemden mit Krawatten, für die Kinder kaufte ich Polohemdchen und Strümpfe.

Für sämtliche anderen Gäste mußte ein Handtuch bereitgestellt werden. Meine Eltern und die Nachbarn begannen mit der Herstellung einiger Artikel meiner Aussteuer. Eine Nachbarin war sehr versiert darin, Oberbetten und Kopfkissen herzustellen, für die Mutter dann die Bettwäsche nähte.

Es kam der Tag meiner Volljährigkeit, der 27. März 1964. An diesem Tag passierte nichts Besonderes. Nur die Erkenntnis, daß in zwei Tagen meine Hochzeit sein sollte, überfiel mich. Tante Vera schickte mir zum Geburtstag das Paket mit meinem Hochzeitskleid und den anderen Utensilien. Es lag ein Brief von ihr in dem Paket, der mich damals sehr schockierte und traurig machte. Sie befand sich mit Onkel Sascha in einem Sanatorium. Beide waren an Tuberkulose erkrankt.

Der schönste Tag im Leben eines Mädchens begann ziemlich normal. Wir hatten an diesem Tag nur einen Termin, die standesamtliche Trauung im Rathaus. Da Damjan Mitglied der kommunistischen Partei war, kam eine kirchliche Trauung für uns nicht in Frage. Papa trank an diesem Tag bereits in der frühen Morgenzeit und direkt aus der Flasche, wohl um sich zu beruhigen. Bereits zwei Stunden vor dem Termin war ich komplett angekleidet. In meinem Plisseekleid, den weißen Schuhen und dem Kopfschmuck fühlte ich mich wie eine Prinzessin. Allein in meinem Zimmer, vor dem Spiegel, gingen mir noch einmal allerhand Fragen durch den Kopf. Was wird mir die Zukunft bringen? Liebt er mich wirklich? Werde ich ihn jemals lieben können? Zum Schluß sagte ich mir, daß er schließlich um meine Hand angehalten hat, also wird er mich auch lieben. Ich heirate ihn doch nur, um von zu Hause ausbrechen zu können.

Endlich wurde ich durch Stimmengewirr und Musik aus meinen trüben Gedanken gerissen. Ich schauderte und zitterte vor Aufregung. Prompt mußte ich zur Toilette. Da mich niemand mehr vor der Trauung sehen durfte, ging es natürlich nicht. Ich wartete. Endlich war es soweit, die Braut sollte geholt werden. Ivan, Damjans Bruder, hatte die Aufgabe übernommen. Nach alter Sitte wurde er von den bereits versammelten Gästen dafür bezahlt. Die Eltern des Bräutigams durften nicht an der Hochzeitsfeier teilnehmen, sie müssen zu Hause auf die frischgebackene Schwiegertochter warten.

Zweimal waren die Gläser auf das Wohl der Braut bereits ohne mich geleert worden, dann brachte mich Ivan vor die Tür. Man trank ein drittes Mal auf mich, und es wurde geklatscht. Dann ließ die Aufmerksamkeit mir gegenüber nach.

Erleichtert huschte ich auf die Toilette. Dann war es höchste Zeit aufzubrechen. Etwa zwei Kilometer Fußmarsch warteten auf uns. Das Wetter war auf unserer Seite. Es war bitterkalt, aber es regnete und schneite nicht. Den meisten Gästen machte die Kälte nicht viel aus, hatten sie doch schon einiges an Alkohol im Körper. Ich habe auf jeden Fall fürchterlich gefroren.

An der Spitze des Zuges ging ein Musikant mit einem Akkordeon. Direkt dahinter gingen wir, es folgten dann die Trauzeugen, Eltern und Geschwister; den Abschluß bildeten die geladenen Gäste.

Dem ganzen Troß folgte ein Pferdegespann mit meiner Aussteuer und meinen persönlichen Dingen auf dem Wagen. Das war ein Zeichen dafür, daß mein Weg nur noch in eine Richtung führte, weg von meinem Elternhaus, hin zum Haus der Schwiegereltern. Die Leute auf der Straße blieben stehen, um das Brautpaar zu betrachten und es hochleben zu lassen. Diese Gelegenheiten wurden stets genutzt, um noch ein paar Gläser Schnaps gegen die Kälte zu trinken. Ich trank nichts. Ich hatte noch nie etwas getrunken.

Auf dem Weg zum Standesamt sorgte Mutter wieder für allgemeine Unterhaltung. Das kam so: Papa hatte schon den ganzen Morgen getrunken und zum Zeitpunkt des Aufbruchs bereits eine ganze Flasche geleert. Einer der Trauzeugen, ein Beamter der örtlichen Polizei, hatte Papa, in Absprache mit Mutter, aus dem Zug genommen und für vierundzwanzig Stunden in die Ausnüchterungszelle gesteckt. Als ich nach dem Essen Mutter daraufhin ansprach, gab sie lächelnd zu, sich so viel besser amüsieren zu können, was sie auch kräftig tat.

Am Rathaus angekommen, begaben wir uns sofort in die Wärme. Die Zeremonie, an der lediglich Damjan und ich und die Trauzeugen teilnahmen, war schnell vorbei. Von feierlicher Stimmung war nichts zu merken.

Das Protokoll wurde heruntergeleiert, und ehe ich mich versah, war ich verheiratet. Auf dem Flur wurden wir mit großem Hallo begrüßt. Danach teilte sich die Festgemeinschaft. Die

Trauzeugen und wir gingen zum Fotografen, die anderen schon zu den Schwiegereltern.

Als wir bei den Schwiegereltern ankamen, saßen die Gäste schon an der Tafel und warteten ungeduldig auf das Essen. Aber nun wurden wie erst einmal von den Schwiegereltern begrüßt. Später am Tisch spielte mir mein Magen wieder einmal einen Streich. Dieses eine Mal, bei dem ich mich bedienen lassen konnte und nicht selbst mitarbeiten mußte, bekam ich keinen Bissen herunter. Doch das Menü habe ich heute noch im Kopf. Zuerst wurde eine Rindfleischsuppe mit selbstgemachten Nudeln serviert. Es folgten gefüllte Paprika und Sarma. Die Paprikaschoten waren gefüllt mit Reis, Hackfleisch und verschiedenen Gemüsesorten. Das Gericht „Sarma" ist typisch jugoslawisch. Ganze Kohlköpfe werden eingelegt wie Sauerkraut. Die ganzen Blätter werden nach Manier einer Kohlroulade zubereitet und gefüllt wie die Paprikaschoten. Diese Krautwickel werden in einen großen Bräter schichtweise eingebracht. Jede Schicht wird mit geräucherten Rippchen und Schinken bedeckt und anschließend langsam auf der Herdplatte gegart. Der nächste Gang unseres Festmenüs bestand aus gegrilltem Lamm und Spanferkel, mit Weißkohlsalat, eingelegten grünen Tomaten, Gurken und Paprika. Kartoffeln als Beilage gab es nicht, denn hierzulande wird reichlich Weißbrot zu jedem Gang verspeist. Als Nachtisch kamen vor Fett strotzende Buttercremetorten auf den Tisch.

In vielen dieser Torten waren bis zu zwanzig Eiern verarbeitet. Auch nachdem alle mit dem Essen fertig waren, wurde die Tafel nicht abgeräumt, denn jeder konnte sich nach Lust und Laune anschließend noch davon bedienen.

Nun bekamen wir auch unsere Geschenke. Die Schwiegereltern schenkten uns einen Elektroherd. Die Musik machte wieder einmal meine Mutter. Von ihr und Vater erhielten wir ein Radio. Die Trauzeugen sorgten dafür, daß unser Zimmer nicht kalt blieb, sie schenkten uns einen Ölofen. Die übrigen Gästen brachten viele Haushaltsutensilien: ein Tafelservice, Besteck, Töpfe und drei Bügeleisen. Zwei davon konnte ich glücklicherweise gegen andere Haushaltswaren eintauschen. Tante Vera und Onkel Sascha schenkten uns einen Plattenspieler. Eine Tante von Damjan schenkte uns unsere „Flitterwochen", einen dreitägigen Aufenthalt in einem Kurhotel in der Nähe unserer Stadt.

Im Laufe des Abends mußte ich mit jedem männlichen Gast unter freiem Himmel tanzen. Am Anfang war ich noch recht fröhlich, doch je später der Abend wurde, desto unruhiger wurde ich. Ich schlitterte in eine mir vollkommen fremde Situation. Allein mit meinem Mann. Kurz vor Mitternacht rief meine Schwiegermutter mich zu sich und gab mir vor aller Augen ein schneeweißes Bettlaken. Auf diesem sollten wir unsere Hochzeitsnacht verbringen, damit später jeder sehen konnte, wie es um meine Unschuld bestellt war.

Kurz nach Mitternacht verabschiedeten wir uns und machten uns auf den Weg zum Hotel. Ich begab mich ins Bad, nicht ahnend, was auf mich zukommen würde. Lange duschte ich, um nicht nur den Schweiß vom Tanzen, sondern auch meine Angst abzuwaschen. Da ich eine sehr lange Zeit im Bad verbracht hatte, rief mich Damjan ungeduldig. Fest in einen Schlafanzug verpackt, kam ich aus dem Bad und war mit einem Sprung unter dem Oberbett verschwunden. Daraufhin ging er ins Bad und kam wieder, so wie ihn Gott erschaffen hatte. Errötend wandte ich den Kopf ab, denn ich hatte noch nie einen nackten Mann gesehen. Mit den Worten „Ich wärme dich jetzt", schlüpfte er zu mir unter die Bettdecke. Mit einigen Mühen schaffte er es, mir die Schlafanzughose und das Höschen auszuziehen. Danach sagte er nur noch „Jetzt gehörst du mir", und versuchte, in mich einzudringen. Ich fing an zu weinen, denn er war sehr rücksichtslos. Er wollte nur seine Befriedigung, und ich kam mir vor wie ein Tier, das benutzt wird. Als er endlich fertig war, lief ich sofort ins Bad. Mein Schoß war mit Blut und einer weißen Flüssigkeit vollkommen verschmiert. Ich wusch mich sehr, sehr gründlich.

Da erinnerte ich mich an etwas. Als ich als junges Mädchen das erste Mal meine Periode bekam, fragte ich Mutter, ob die Männer auch einen solchen Zyklus hätten, und sie bejahte meine Frage. Ich war froh darüber, daß mein Mann mich in den nächsten Tagen wohl in Ruhe lassen würde, denn offensichtlich hatte er ja seine

Periode. Ziemlich angeekelt von dem Erlebten begab ich mich wieder ins Bett. Als ich mir darüber klar wurde, daß ich in diesem Moment meine Unschuld geopfert hatte, kamen mir wieder die Tränen. Die Schmerzen an Körper und Seele ließen nur langsam nach, und ich schlief ein. Am nächsten Tag, gegen Mittag, wurde ich geweckt. Damjan hatte Hunger. Als ich das Bett verließ, sah ich zum ersten Mal genau das blutverschmierte Laken. Selbst Picasso hätte in seinen besten Tagen kein abstrakteres Muster malen können. Angewidert drehte ich mich um. Damjan war jedoch sehr stolz und faltete es sorgfältig zusammen, ehe er es in der Reisetasche verstaute. Wir gingen in den Speisesaal, und ich dachte, jeder müsse mir ansehen, was ich in der letzten Nacht durchgemacht hatte. Ich hatte das Gefühl, als wäre ein Panzer über mich hinweggerollt.

Nach dem Essen wollte ich unbedingt spazieren gehen. Nur nicht zurück in das Zimmer. Lieber in der Kälte laufen. Auch in den nächsten beiden Tagen bereitete mir der Beischlaf keine Freude. Mir wurde nur klar, daß die weiße Körperflüssigkeit bei Damjan nicht das Zeichen seiner Periode sein konnte. Eine ganze Zeit später klärte Tante Vera mich schließlich auf. Am Abreisetag verließen wir schon am Morgen das Hotel und fuhren mit dem Zug zurück. Zu Hause angekommen, wollte meine Schwiegermutter sofort das Bettlaken haben. So stolz wie Damjan es eingepackt hatte, so stolz hängte sie es im Hof über die Wäscheleine, damit jeder die Spuren der Hochzeitsnacht sehen könne. Vor Scham wäre ich am liebsten im Boden versunken. Für alle anderen wurde es wieder ein schöner Tag, hatten sie doch wieder einen Grund zum Trinken. Sogar meine Arbeitskolleginnen neckten mich, ob denn drei Tage in dem Hotel wohl genug gewesen wären. Ich ließ sie reden und sagte nichts dazu.

Der Alltag begann und damit meine zweite Hölle. Als Schwiegertochter im Haus hatte ich als erste aufzustehen und das Frühstück für alle vorzubereiten. Dann mußte ich meiner Schwiegermutter bei der Wäsche helfen. Ich dachte, helfen ist gut, dann mußt du es nicht alleine erledigen, aber das Helfen bestand darin, daß ich nicht nur ihre Wäsche, sondern auch noch die Tischdecken aus der nahen Gaststätte alleine waschen mußte. Als Waschküche diente mir ein altes Regendach im Hof neben dem Brunnen. Warmes Wasser gab es natürlich nicht. Die schwere Arbeit in der Firma, die viele Arbeit zu Hause und die ständige Bereitschaft, für meinen Mann in sexueller Hinsicht greifbar sein zu müssen, laugten mich ziemlich schnell aus. Aber der erste Monat verging dann doch. Ich bekam mein Gehalt, und der Streit begann. Mutter meinte, sie bekäme noch drei Monatslöhne für das Ausrichten meiner Hochzeit. Mein Schwiegervater meinte, ihm als Familienoberhaupt obliege es, das Geld der Familienmitglieder zu verwalten, und natürlich wollte Damjan auch noch mitbestimmen.

Durch diesen Streit gelang es mir, Damjan gegen seine Eltern aufzubringen und zu überreden, eine eigene Wohnung zu suchen. Auch merkte er langsam, daß die Situation meine Kräfte überstieg. Es war in unserer Ehe das erste und letzte Mal, daß er auf meiner Seite stand. Nach unserer Eheschließung hatte ich uns in der Firma für eine Firmenwohnung angemeldet. Doch so lange wollten wir nicht mehr warten.

Einige Wochen später wurde uns ein hübsches Zimmer angeboten. Ein Rentnerehepaar hatte ein Zimmer mit Badbenutzung zu vermieten. Durch den Umzug wurde die Arbeit für mich viel einfacher und auch wieder zu schaffen. Unsere Beziehung wurde durch den Umzug jedoch nicht besser. Der einzige Vorteil war, daß wir jetzt auch mal streiten konnten, denn im Haus der Schwiegereltern hatte ich, wie auch im Haus meiner Eltern, immer alles stillschweigend erdulden müssen. Das war nun vorbei, denn ich wollte mir einfach nicht mehr alles bieten lassen.

Wie vollkommen unbedeutend meine Meinung für den Rest der Familie war, mußte ich einige Wochen später feststellen. Die Arbeit in der Firma füllte mich vollständig aus, und so sah ich meine Eltern und Schwiegereltern nur noch recht selten. Mein körperlicher Zustand war auch nicht der Beste, fühlte ich mich des öfteren doch recht unwohl und schlapp. Eines Tages kam ich abgearbeitet von der Firma nach Hause. Ich traute meinen Augen kaum. Der Teufel persönlich hätte mich nicht ärger schocken können. In ein intensives Gespräch vertieft, saßen Damjan, unser Vermieter und meine Mutter am Tisch. Irgend etwas lief da vollkommen an mir vorbei. Es waren bereits Absprachen getroffen worden, ohne mich auch nur im geringsten mit einzubeziehen.

Mutter hatte sich nun endgültig mit Papa überworfen. Er hatte ihre Kapriolen satt und sie kurzerhand vor die Tür gesetzt. Doch ihre Art, sich überall einzuschleimen, half ihr auch in dieser Situation. Mein Mann und der Vermieter waren von ihrer Mitleidstour der armen, geschundenen Frau so überzeugt, daß sie ihr sofort einen leerstehenden Kellerraum als Schlafzimmer zur Verfügung stellten. Als Bezahlung sollte sie im Vermieterhaushalt aushelfen. Das Essen hatten wir zur Verfügung zu stellen. Während ich morgens zur Arbeit ging, schmeichelte Mutter sich immer mehr bei Damjan ein. Er war „ihr Junge" und wurde von ihr verwöhnt. Sie kochte seine Leibgerichte, ob sie mir auch schmeckten, wurde nicht gefragt, und sie fuhr mir wie eh und je über den Mund, wenn ich mich an ihren Gesprächen beteiligen wollte. Da sie dauernd bei uns in der Wohnung hockte, wurde der Druck für mich unerträglich. Mein Magen spielte immer häufiger verrückt. Also ging ich zum Arzt.

Nach einer eingehenden Untersuchung baute sich der Arzt mir gegenüber auf und lächelte. „Ihre Magenschmerzen kann ich ihnen nicht nehmen. Sie sind schwanger – und bereits im fünften Monat." Die Nachricht traf mich vollkommen überraschend, hatte ich doch in den letzten Monaten meine Periode immer noch, wenn auch abgeschwächt, bekommen. Der Arzt klärte mich geduldig auf, daß so etwas schon mal vorkomme. Ich konnte mein Glück kaum glauben und hätte am liebsten laut gejubelt. In Anbetracht der Tatsache, daß ich mich beim Arzt befand, fielen die Jubelschreie etwas gedämpfter aus.

Zu Hause angekommen, wurde ich nur beiläufig gefragt, was denn der Arzt festgestellt hätte. Die Tatsache, mit welcher Lieblosigkeit sich Mutter und Damjan nach meinem Gesundheitszustand erkundigten, schmälerten meine große Freude jedoch nicht im geringsten. Einen Jubelschrei über die Schwangerschaft wollte und konnte ich nicht unterbinden und ließ beide aufhorchen. Die Stimmung änderte sich schlagartig. Ihre strahlenden Gesichter durchfluteten den Raum. „Hurra, es wird ein Junge“, riefen beide fast gleichzeitig. Woher sie das wissen wollten, war mir schleierhaft, nicht einmal ich wußte um das Geschlecht des kleinen Menschen in mir. Damjan und Mutter tuschelten kurz miteinander und verließen danach das Haus. Diese frohe Botschaft mußte alsbald verbreitet werden. Selbst ein Rundfunksender oder eine Tageszeitung hätten diese Nachricht nicht schneller verbreiten können. Wie es mir ging und was ich davon hielt, interessierte sie überhaupt nicht. Mußte ich doch erst selbst einmal mit dieser neuen Situation fertig werden. Allein gelassen und beladen mit allen möglichen Gedanken, legte ich mich auf mein Bett. Versonnen legte ich beide Hände auf meinen Bauch.

„Du kleines Mäuschen, wachse und bleibe gesund. All’ die Liebe, die ich nie empfangen durfte, werde ich dir geben.“ Dabei streichelte ich die sich bildende kleine Kugel des in mir wachsenden Lebens. Mein Selbstgespräch endete mit einem Gebet. Ich dankte Gott für die Gnade dieser Schwangerschaft.

Ich blickte mit neuem Zutrauen in die Zukunft. Endlich sah ich ein Licht am Ende des Tunnels, es war Zeit, die Zukunft neu zu planen. Damjan setzte die Firma von der Schwangerschaft in Kenntnis, ansonsten änderte sich nichts für mich. Ich war und blieb für meinen Mann und meine Mutter das Arbeitstier. Aber einen großen Vorteil brachte die Schwangerschaft doch noch mit sich, mein Mann rührte mich im Bett nicht mehr an. In der Firma waren alle Kollegen und Kolleginnen ausgesprochen nett zu mir. Bis kurz vor dem errechneten Geburtstermin ging ich arbeiten, da es in der Firma viel angenehmer war, als die Tage zu Hause mit einem übellaunigen Mann zu verbringen.

In dieser Zeit lernte Mutter wieder einen neuen Mann kennen. Er war Fernfahrer und nahm Mutter oft mit auf seine Touren. Wie fast alle ihre Männerbekanntschaften vorher, war er verheiratet und Vater von mehreren Kindern. Es hatte fast den Anschein, als würde es meiner Mutter Spaß machen, in andere Ehen einzubrechen um sie zu zerstören.

Der Geburtstermin rückte näher, und mit ihm traten die Trauzeugen wieder auf den Plan. Sie hatten vor den Eltern und Großeltern das Recht, den Namen des Kindes zu bestimmen. Eine Liste mit je fünf Jungen- und Mädchennamen wurde angefertigt. Für mich war sie nicht einsehbar, bis ich sie durch Zufall in einer Schublade fand. Mutter und Damjan wisperten häufiger miteinander über den Namen. Mein Wunsch wurde in keiner Weise beachtet. Beide ahnten zu dem Zeitpunkt nicht, daß ich in dieser Sache noch genügend Eigeninitiative ergreifen würde. Kolleginnen hatten mich darüber informiert, daß Wöchnerinnen in den ersten sechs Tagen nach einer Entbindung keinen Besuch bekommen durften. Also konnte ich meinem Kind den Namen geben, den ich mir wünschte. Im Krankenhaus ging man auf jeden Fall davon aus, daß sich die Eltern über den Namen geeinigt hatten.

Der Tag der Entbindung kam näher. Am 11. Januar 1965 war es dann soweit. Den Tag hatte ich in der Stadt verbracht, um mir Babykleidung anzusehen.

Kaufen durfte ich vor der Entbindung nichts, aus altem Aberglauben heraus, den man in dem kommunistischen Jugoslawien eigentlich nicht haben durfte. Erst spät am Abend ging ich nach Hause, mit schweren Beinen und müdem Kopf.

Lieber in der Stadt umherspazieren, als zu Hause wieder Nörgeleien und Sticheleien über mich ergehen lassen, dachte ich. Zu Hause angekommen, machte ich mir etwas zu essen und legte mich auf das Bett, um etwas auszuruhen. Plötzlich wurde es unter mir feucht und warm. Ohne daß ich etwas sagen konnte, reagierte meine Mutter ausnahmsweise sofort. Sie gab präzise Anweisungen an Damjan, und so wußte ich auch, daß die Geburt eingeleitet worden war. Meine Fruchtblase war geplatzt. Zügig brachte man mich in das Hospital, überschüttet von Ratschlägen und Anweisungen.

In der Klinik brachte mich das Personal auf die Entbindungsstation. Dort übernahmen zum Glück die Schwestern das Kommando. Bis dahin hatte ich von den Wehen noch nicht viel verspürt, doch nun kamen sie in immer kürzeren Abständen. Auf einmal ging alles sehr schnell. Meine Arme wurden über dem Kopf angegurtet, und eine Hebamme kam. Mit den ersten Preßwehen erblickte mein Sohn das Licht der Welt, 4.500 Gramm schwer und nur 50 cm groß. Er schrie kräftig, und die Schwester sagte mir, es sei alles in Ordnung. Ein Arzt war bei der Geburt nicht anwesend und wurde auch im nachhinein nicht gerufen. Die Hebamme vernähte den Dammriß, und ich wurde gewaschen und neu eingekleidet. Ich kam auf mein Zimmer.

Nach einer mir endlos erscheinenden Zeit brachte man mir meinen Sohn. Er war vom Kopf bis zu den kleinen Zehen fest eingewickelt. Fast glich dieses Bündelchen einer russischen Babuschka-Puppe oder einer Mumie. Seine leuchtenden, olivfarbenen Augen blickten mich an, als wollten sie sagen: „Mama, hier ist dein kleines Mäuschen." Ich war verzückt. Meine Neugierde an dem Kind war groß, also packte ich ihn aus. Alles war dran und gut geformt. Da ich in der Technik des Wickelns nicht geübt war, bekam ich Ärger mit der Schwester. Die Kinder durften damals nur zum Stillen bei der Mutter sein, ansonsten lagen sie fest eingepackt und vollkommen bewegungsunfähig in ihren Betten. Man fragte mich nach dem Namen für meinen Sohn.

Meine große Stunde, mein heimlicher Triumph, war gekommen. Mein Sohn sollte den Namen meines liebsten Onkels bekommen: Sascha. Nebenbei bemerkt, ein Mädchen hätte den Namen Vera bekommen. Die Formalitäten erledigte das Krankenhaus, zum Standesamt brauchte keiner zu gehen. Mein Junge entwickelte sich prächtig. Ständig hatte er Hunger, aber ich hatte zum Glück genug Milch. Nach sechs Tagen wurde der kleine Prinz mit einer Pferdekutsche abgeholt. Mich hätten sie am liebsten im Krankenhaus gelassen. Den Unmut über mein Unrecht der Namengebung sollte ich noch lange zu spüren bekommen.

Zu meinem Erstaunen schlug die Kutsche einen mir unbekannten Weg ein. Es war eine Überraschung von Damjan und Mutter. Während meines Krankenhausaufenthaltes hatten sie eine neue Wohnung bezogen. Zu meinem Entsetzen hatten wir uns keinesfalls verbessert. Hatten wir vorher ein Bad mit warmem Wasser, so hatten wir hier im Hof ein Plumpsklosett und Wasser aus dem Brunnen im Hof. Und es war Mitte Januar! Die Räumlichkeiten waren auch nur wenig größer, und zu allem Unglück stand Mutters Bett nun nicht mehr im Keller, sondern in der Küche.

Dieses ewige Aufeinanderhocken war einfach unerträglich, und die alten Schikanen begannen augenblicklich. Alles, was ich machte, war verkehrt. Das Kind durfte ich nur zum Stillen in den Arm nehmen, dann nahm sie es mir wieder weg. In den ersten Tagen hütete ich noch das Bett, mußte der Riß doch erst einmal verheilen. Ein paar Wochen blieb ich nach der Entbindung noch zu Hause, dann nahm ich meine Arbeit in der Firma wieder auf. Vom finanziellen Standpunkt aus betrachtet, war es notwendig, vom menschlichen Standpunkt aus war es eine Qual. Mutter wollte das Kind unbedingt beaufsichtigen, was sie in der ersten Zeit auch tat.

Nach und nach gewannen ihre eigenen Interessen jedoch wieder die Oberhand, und sie gab Sascha immer häufiger zu Nachbarn, um ihren Vergnügungen nachgehen zu können. Es kam soweit, daß ich nach der Arbeit durch die Nachbarschaft lief, um mein Kind zu suchen.

Saschas Belange lagen mir am Herzen. Meine anfängliche Furcht vor den beiden Peinigern wandelte sich jäh um in blanken Haß. In meinen Gedanken entstanden Pläne, mich aus deren Fängen zu befreien. Ein fester Bestandteil meines Planes war unter anderem, daß ich Mutter niemals mit in die Firmenwohnung nehmen würde, die wir bald erhalten sollten. Auch erwog ich eine Trennung von Damjan, falls dieser sich nicht grundlegend änderte.

Sascha war bereits ein halbes Jahr alt. Die Ereignisse im Haus überschlugen sich. Streit, wie an allen Tagen zuvor. Wieder einmal kam ich von der Arbeit und fand meinen Sohn in der Nachbarschaft. Meine Mutter hatte ihn bereits am Vormittag dort abgegeben. Jetzt war ich mit meiner Geduld am Ende. Ich wollte mir diese Unverschämtheiten nicht länger bieten lassen. Noch saß ich allein zu Hause. Mit jeder Minute des Wartens wuchs meine Wut. Für mich stand fest, Mutter darf in meiner Wohnung keine Minute länger bleiben. Noch bevor mein Mann von der Arbeit heimkam, trat sie durch die Tür. Ohne Umschweife kam ich auf den Punkt. Sie war über meine Eröffnung derartig perplex, daß sie nach Worten rang. Ich dagegen hatte mir schon alles zurechtgelegt. Kurz, aber unmißverständlich wies ich ihr die Tür. So viel Mut hatte sie von mir wohl nicht erwartet. Zum ersten Mal endete ein Streit zwischen uns, aus dem ich als Sieger hervorging. Unendlich stolz schloß ich die Tür hinter ihr zu.

Doch schon beschlichen mich leise Zweifel. War ich zu hart zu ihr gewesen? Durfte ich das überhaupt? Sie war doch meine Mutter. Doch die Zweifel zerstreuten sich bald, als ich mir ins Gedächtnis rief, welches Leid sie mir in all den Jahren kalt lächelnd zugefügt hatte. Es war reiner Selbsterhaltungstrieb. Ich wollte überleben. Der Abend war noch nicht vorbei, denn ich mußte meinem Mann klarmachen, daß ich seine Verbündete aus dem Haus gejagt hatte.

Seine Beschimpfungen und Vorwürfe berührten mich kaum. Klar war mir lediglich, daß wir niemanden hatten, der am nächsten Tag unseren Sohn beaufsichtigen konnte. Wenn seine Eltern nicht einsprängen, müßte ich zu Hause bleiben, und das durfte keinesfalls geschehen. Damjan ging also schleunigst zu seinen Eltern, um die Situation zu klären. Und in diesem war auf die Schwiegermutter Verlaß. Schon am nächsten Morgen brachte Damjan den Kleinen zu seinen Eltern. Seine Arbeitsstelle lag in der Richtung, in der auch seine Eltern wohnten, und somit wurde es seine Aufgabe, unseren Sohn morgens abzuliefern und abends heimzubringen.

Endlich war die Hexe aus dem Haus. Hatte ich doch häufig versprochen, Papa mal zu uns einzuladen. Dieses Ansinnen wurde in der Vergangenheit stets abgeschmettert. Jetzt konnte ich ihn einladen. Er kam nur zu gern. Hatten wir uns doch so viel zu erzählen. Er war der einzige, der mir Recht gab mit Mutters Rausschmiß. In der nächsten Zeit nahm ich Kontakt zu einer Nachbarin auf. Sie war ehrlich, und ich konnte ihr vertrauen. Ich wußte, sie war Christin und ging häufig in die Kirche. Auch ich bin eine gläubige Christin, mußte dieses jedoch vor meinem Mann weitestgehend verheimlichen. Jetzt war es mir egal. Immer häufiger ging ich mit meiner neuen Freundin zur Kirche. Heimlich verabredeten wir uns mit dem Pfarrer, um Sascha taufen zu lassen, war er doch schon über ein halbes Jahr alt. Meine Nachbarin und Freundin erklärte sich bereit, die Patenschaft für meinen Sohn zu übernehmen.

Gegen den Willen des Vaters ließ ich meinen kleinen Jungen

taufen. Bei seinen Großeltern fühlte sich Sascha pudelwohl, und manchmal kam es mir vor, als wolle er immer dort bleiben. Zum Glück konnte ich ihn bis zu seinem ersten Geburtstag stillen.

Vor Saschas erstem Geburtstag zogen wir in unser eigenes Häuschen. Unsere Bemühungen in der Fabrik trugen nun ihre Früchte. Wer in unserer Region ein Häuschen sein eigen nennen wollte, mußte es bauen oder kaufen. Doch gab es auch Umwege, solch ein Eigentum zu erwerben. War man lange genug in der Firma und in der Partei, konnte man so ein Häuschen beziehen. Wohnte man lange genug darin, wurde es auf die Bewohner überschrieben. Voraussetzung war natürlich weiterhin die Partei- und Betriebszugehörigkeit.

Unser Häuschen war bereits etwas älter. Die gesamte Wohnfläche betrug ca. 50 bis 55 Quadratmeter. Ein Badezimmer mit Toilette gab es noch nicht. Doch im nächsten Jahr sollten die Häuser renoviert werden. Das Plumpsklo war auch hier noch im Hof. Ein kleiner Flur führte zu einem großen und einem kleinen Raum. Der kleinere Raum diente uns in der ersten Zeit als Abstell- und Vorratsraum. Hier sollte einmal das Badezimmer eingebaut werden. Das große Zimmer war ein kombinierter Wohn- und Schlafraum. Daran grenzte die Küche. Im Wohnraum standen zwei Umbauliegen. Tagsüber benutzten wir diese als Sitzgelegenheit und nachts dienten sie uns als Bett. Auch hier war unsere einzige Wasserzapfstelle im Hof. Doch auch dieser Zustand sollte während des allgemeinen Umbaus beseitigt werden. Vor dem Haus gab es ein kleines Blumenbeet. Auf der von der Straße abgewandten Seite des Hauses stand ein kleiner Geräteschuppen. Hier befand sich unser Vorrat an Heizmaterial. Einige Gemüsebeete reichten bis an das Nachbargrundstück heran.

Im Nachbarhaus wohnte ein Grieche. Er hieß Christof und war etwa Mitte vierzig. Er lebte erst kurze Zeit hier mit seinen Kindern und der Mutter seiner Kinder. Verheiratet waren sie nie, und jeder lebte sein eigenes Leben, sogar in verschiedenen Räumen.

In unserer Ehe wurde es auch in dieser neuen Umgebung nicht besser. Streit blieb an der Tagesordnung. Zum Glück wurde das Wetter besser, und endlich überfluteten wärmende Sonnenstrahlen den Garten. Es muß etwa April gewesen sein, als ich mich nach einem sehr heftigen Streit in den Garten flüchtete. Was ich zuerst nicht bemerkte, war, daß Christof mich beobachtete. Da wir als Nachbarn gut miteinander bekannt waren, trat er heran. Unsere Streitereien waren ihm nicht verborgen geblieben. Er war ein sehr erfahrener Mensch. Auf seinen Reisen hatte er viel gesehen und erlebt. Seine tröstenden Worte stoppten den Tränenfluß.

Ob ich an meiner Zukunft interessiert sei, fragte er mich. Meine Neugier war geweckt, und schwatzend gingen wir in sein Haus. Die Karten lagen bereits auf dem Tisch. Er mischte sie ausgiebig und breitete sie aus. Heute, nachdem viele seiner Prophezeihungen, welche er mir eröffnete, wahr geworden sind, weiß ich, daß er sein Handwerk verstand.

In unserer Fabrik begannen schlechte Zeiten. Eine Absatzflaute bescherte vielen Kolleginnen und Kollegen die Arbeitslosigkeit. Ich blieb davon ebenfalls nicht verschont. Die zweite Entlassungswelle erfaßte auch mich. Arbeitslosengeld wurde natürlich nicht bezahlt.

Trotzdem machte ich Pläne für meine Zukunft, unabhängig davon, was Damjan plante, denn ich war keineswegs gewillt, den unerträglichen Zustand noch länger hinzunehmen. Die Zeit in der Fabrik hatte mir wenigstens etwas Abwechslung gebracht, konnte ich hier doch einen Teil meines tristen Alltags vergessen. Da war ich unter Menschen, die mir das Gefühl gaben, jemand zu sein. Verrichtete ich doch dort meine Arbeit zur Zufriedenheit aller.

Tagsüber war ich mit meinem Jungen allein, was ich sehr genoß. Die täglichen Hausarbeiten gingen mir gut von der Hand. Vormittags brachte ich die Wohnung in Ordnung. Da Damjan auch zu Hause nähte, mußte ich laufend die Spuren seiner Arbeit beseitigen. Staub und Fadenreste gab es reichlich. Dann wurde das Essen vorbereitet, und auch im Garten gab es ständig zu tun.

Sascha weinte häufig, wollte er doch, wie er es in den letzten Monaten gewohnt war, zu den Großeltern. Er brauchte viel Zuwendung und verlangte meine größte Aufmerksamkeit. Mir wurde davon leider nichts zuteil. Im Gegenteil, die Streitigkeiten mit Damjan nahmen an Heftigkeit zu. Das Essen schmeckte ihm nie.

Die Wohnung war nicht richtig aufgeräumt. Bestimmte Dinge standen nicht am rechten Platz. Kurzum, nichts konnte ich ihm recht machen. Die gesamte Nachbarschaft bekam sein Schreien mit, und natürlich wollte niemand mehr mit uns Kontakt haben. Ich fühlte mich mal wieder von der Außenwelt abgeschnitten. Nur Christof tröstete mich: „Dein Tag wird irgendwann kommen“, hörte ich des öfteren von ihm.

Eines Tages wusch ich im Hof meine große Wäsche. Die Betten hatte ich morgens neu bezogen, und diverse Kindersachen und Leibwäsche mußten gereinigt und getrocknet werden. Christof bekam Besuch von einem mir unbekannten Ehepaar. Während sich die drei unterhielten, bemerkte ich, daß die Frau häufig zu mir herübersah, und ich spürte die Wärme in ihrem Blick. Kurze Zeit später lud Cristof mich zu einer Tasse Kaffee ein.

Diese Unterbrechung war mir recht. Das Paar wurde mir von Christof als Zora und Kosta vorgestellt. Altersmäßig schätzte ich sie beide ebenfalls auf Mitte vierzig. Wir unterhielten uns prächtig, und ich erfuhr sogar einige persönliche Dinge über die beiden. Zora war gebürtige Rumänin, lebte aber schon von Kindheit an in unserem Land. Kosta, geboren in Griechenland, emigrierte nach dem Krieg nach Jugoslawien. Die Kaffeepause war beendet, Sascha quengelte und wollte heim. Bevor ich mich wieder meiner Wäsche widmete, lud Zora mich zu sich nach Hause ein. Ich bedankte mich und versprach zu kommen.

Es kam, was kommen mußte. Damjan und ich konnten kein vernünftiges Wort mehr wechseln. Der Tag der Trennung stand bevor. Während eines heftigen Streits begann ich, all die Sachen herauszubrüllen, die mich schon so lange belasteten: „Ich hasse dich! Geliebt habe ich dich zu keiner Zeit. Du hast es nicht verstanden, die Liebe zu dir zu wecken. Geheiratet habe ich dich nur, damit ich von zu Hause fort konnte.“ Endlich konnte ich aussprechen, was mir auf der Seele lag. Seine Antwort darauf war für mich allerdings ein Schock: „Auch ich habe dich nicht geliebt. Ich wollte nur ein Kind von dir. Es gibt eine Frau, die ich seit langer Zeit liebe. Sie ist leider unfruchtbar und kann mir somit kein Kind schenken. Auch deine Mutter hatte ich so, wie ich sie wollte.“

Die ersten Worte verstand ich klar und deutlich. Den Satz, meine Mutter betreffend, begriff ich nie. Als ich zehn Jahre später meine Mutter nach der Bedeutung dieses Satzes fragte, flog mir die Antwort mit dem Handrücken ihrer rechten Hand mitten in mein Gesicht. Noch während ich um Fassung rang, ergriff er Sascha, der heftig weinte, und verließ wortlos das Haus. Nun stand ich allein vor dem Scherbenhaufen unserer Ehe. Brutal aufgeklärt über die Dinge und Ereignisse der letzten 27 Monate. Alles war nur Fassade, und die stürzte nun ein? Die ganze Nacht hindurch weinte ich. Erst am nächsten Vormittag kehrte Damjan ins Haus zurück – ohne Sascha. Mit welcher Präzision dieser Tag geplant war, bewies mir die Tatsache, daß alles bereits arrangiert war. Er bot mir die Scheidung an, in die ich sofort einwilligte. Ein verwandter Rechtsanwalt würde die Sache übernehmen. Da ich arbeitslos war und Sascha nicht ernähren konnte, sollte er vorübergehend bei den Großeltern bleiben. Ich erklärte mich damit einverstanden und beging einen meiner größten Fehler.

Ich selbst konnte mir keinen Anwalt leisten. Vertrauend auf den Rechtsanwaltsstatus, glaubte ich, daß beide Parteien gerecht behandelt würden. Doch weit gefehlt. Am nächsten Tag lag mir ein Brief seines Anwaltes vor. Das Schreiben war für meine Begriffe klar formuliert. Mit meiner Unterschrift besiegelte ich das Schriftstück. Bereits sechs Wochen später wurde die Scheidung ausgesprochen. Nach Beendigung seiner Arbeit kam Damjan noch einmal in unser Haus. Der Hausrat wurde geteilt. Die Aufteilung bestand darin, daß er bestimmte. Ich bekam den Wohn- und Schlafraum, er die Küche. Mit einem riesigen Vorhängeschloß sperrte er die Küche ab. Es interessierte ihn nicht im geringsten, daß ich wohl Lebensmittel hatte und Gemüse aus dem Garten nehmen, jedoch nichts verarbeiten konnte. Schließlich stand doch der Herd in der Küche, und Geld besaß ich auch keines. Seine letzten Worte waren: „Such dir eine Arbeit.“ So verließ er das Haus.

Allein und ohne die Möglichkeit, mir eine Mahlzeit zubereiten zu können, erinnerte ich mich an die Einladung von Zora. Ich besuchte sie, und als sie mich sah, begriff sie sofort, was geschehen sein mußte. Bei einer Tasse Kaffee schüttete ich ihr mein Herz aus.

Meine größte Sorge galt der Tatsache, daß ich freiwillig meinen Sohn hergegeben hatte. Zora bestätigte mir, daß mein Handeln absolut richtig sei. Er fühlte sich bei den Großeltern sehr wohl, und schließlich sei es nur zur Überbrückung. Die Unterhaltung schien kein Ende zu nehmen. Wir redeten bis in den frühen Abend. Zum ersten Mal saß mir ein Mensch gegenüber, der mich verstand. Außer Tante Vera natürlich, doch die war ja nicht verfügbar.

Selbst als Kosta von der Arbeit heimkam, brauchte ich das Feld nicht zu räumen. Auch er verstand es, zuzuhören und im richtigen Moment Trost zu spenden. Dieser gemeinsame Nachmittag und Abend sollte nicht der letzte gewesen sein. Die fast elterlichen Ratschläge führten uns später in eine tiefe Freundschaft.

Der Sommer verlor sein schönes Gesicht. Regen prasselte auf mich herab, als ich zum wiederholten Male von der Arbeitssuche heimkehrte – ohne Erfolg. Deprimiert und verzweifelt schien mir doch alles so sinnlos. Da klopfte Christof an die Tür. Er lud mich zu einer Tasse Kaffee und einem Schwätzchen zu sich ein. Arglos nahm ich die Einladung an. War er es doch gewesen, der mir mit seinen Weissagungen Trost spendete. Er verstand es, in einer fröhlichen Art über Probleme zu reden, um so allen noch so negativen Begebenheiten einige positive Aspekte abzugewinnen. Der Kaffee belebte mich zusehends. Er legte mir wieder die Karten. Eine ähnliche Konstellation wie beim ersten Mal. „Du wirst weit weg gehen ins Ausland. Du wirst dort dein Glück finden. Du wirst reich sein und ein schönes Leben führen."

Ich war fasziniert und sah darin die Bestätigung, daß es mir einmal sehr gut gehen würde. Die Gedanken daran entlockten mir einige Freudentränen. Um mich zu beschwichtigen, stand er auf und legte seine braungebrannten großen Hände auf meine schmalen Schultern. Ein Schauer durchfuhr meinen Körper. Fühlte doch in diesem Augenblick ein Mensch mit mir. Seine Arme umschlangen mich. Er zog mich zu sich heran, und wir küßten uns. In diesem Moment war mir weder bewußt, welcher Altersunterschied zwischen uns bestand, noch welche Konsequenzen dieses Handeln nach sich ziehen würde. Stand doch meine Scheidung unmittelbar bevor.

Einen Ehebruch im wörtlichen Sinne könnte ich also nicht begehen. Arbeitslos, ohne Geld und alleingelassen, benötigte ich dringend menschliche Zuneigung. Ich gab mich ihm hin, ohne jegliche Gegenwehr.

Und ich genoß dieses Zusammensein, denn er war behutsam und zärtlich. Zum erstenmal fühlte ich mich als Frau und nicht als Gegenstand, den man benutzt und beiseite legt. Spät abends schlich ich mich zurück in meine Wohnung. Von nun an sahen wir uns häufiger. Ich bekam von ihm zu essen, und die Nachbarschaft zog daraus ihre Schlüsse. Niemand wußte wirklich von unserem Verhältnis. Aus anfänglichem Tratsch wurden zum Teil wüste Beschimpfungen. Gehörte es sich doch nicht für eine gerade mal zwanzigjährige Frau, mit einem sechsundvierzigjährigen Mann anzubändeln.

Christof war ein stattlicher Mann. Dunkler Typ, wie Mario Adorf. Eine gewisse Ausstrahlung besaß er schon. Unter anderen Umständen wäre er keine Gefahr für mich gewesen. Einen Tag vor unserem Scheidungstermin suchte mich der Rechtsanwalt meines Mannes auf. Er sagte mir, ich brauchte vor ihm keine Angst zu haben, er wolle sich nur etwas mit mir unterhalten. Mein naives Vertrauen in Menschen, die freundlich zu mir waren, sollte wieder einmal enttäuscht werden.

Wir sprachen zuerst über allgemeine Dinge. Nach einiger Zeit kam das Gespräch auch auf Christof. Es sei doch eine nette Geste von ihm, sich so rührend um mich zu kümmern. Die Frage, ob wir auch einmal miteinander im Bett waren, bejahte ich. Ohne es zu ahnen, besiegelte ich damit fast meinen Untergang.

Am nächsten Tag bei Gericht wurde mir die Rechnung für meine Arglosigkeit und Naivität serviert. Ich verlor alles, sogar meinen guten Ruf. Die getroffene Vereinbarung über die vorübergehende Unterbringung unseres Sohnes bei den Großeltern war null und nichtig. Angeblich war ich nicht fähig, ein Kind zu ernähren und zu erziehen. Das Sorgerecht wurde dem Vater zugesprochen. Mein Verhältnis zu Christof legte man mir so aus, daß erst dadurch unsere Ehe gescheitert sei. Somit wurde ich schuldig geschieden. Meine Ausführungen zum eigentlichen Tatbestand fanden kein

Gehör. Nach wenigen Minuten war die Verhandlung abgeschlossen.

Ich ging direkt zu Zora. Erst bei ihr wurde mir die Tragweite dieser Entscheidung einigermaßen bewußt. Die Ungerechtigkeit brachte mich vollends aus dem Gleichgewicht. Ich war wütend über mich selbst. Wie hatte ich nur so naiv sein können? Ich weinte hemmungslos, und Zora versuchte, mir Trost zuzusprechen, was ihr erst nach Stunden gelang. Diese Ohnmacht gegenüber der Gerichtsentscheidung entfachte unsäglichen Haß in mir gegen Damjan. Ich zweifelte sogar an der Existenz Gottes. Wie konnte er es zulassen, daß mir mein Sohn fortgenommen wird, war er doch das einzige Wesen, das ich über alles liebte. Für ihn allein ließ ich die vergangenen Strapazen über mich ergehen.

Alle Selbstvorwürfe und Zweifel halfen nicht, ich mußte die Realität bewältigen. Mein Kopf brummte wie ein Bienenhaus. Meine Gedanken hingen an einem Punkt. War es die Duplizität der Ereignisse? Sascha ist eineinhalb Jahr alt. Ebenso alt war ich, als meine Eltern sich trennten. War es Zufall oder Fügung? Alle wichtigen Entscheidungen meines bisherigen Lebens wurden von anderen getroffen oder beeinflußt. Wieder wurde ich vor vollendete Tatsachen gestellt. Doch diesmal gab ich mich nicht damit zufrieden. Ich wollte kämpfen. Mit allen mir zur Verfügung stehenden Mitteln. Ohne mein Kind erschien mir ein sinnvolles Weiterleben unmöglich. Ein offizielles Besuchsrecht, wie es heutzutage üblich ist, wurde nicht vereinbart. Am folgenden Tag ging ich zu den Schwiegereltern. Ich wollte Sascha sehen. Damjan war ebenfalls zu Hause. Bereits an der Eingangstür wurde ich von ihm abgewiesen. Er verbot mir, das Haus jemals wieder zu betreten. Bevor ich mich vollends zurückzog, erschien meine Schwiegermutter auf der Bildfläche. Sie schickte ihn ins Haus zurück, um einige Worte mit mir zu wechseln. Die befürchtete Konfrontation blieb aus. Sie beschimpfte mich nicht. Im Gegenteil. In kurzen Worten erklärte sie mir, zu welcher Zeit und auf welchen Wegen sie am anderen Tag mit Sascha spazieren gehen wollte. Diese Information ermöglichte es mir, mein Kind zu sehen. Meine Schwiegermutter ermöglichte mir so weitere Zusammentreffen.

Bei schönem Wetter trafen wir uns häufig irgendwo in der Stadt. Die Treffen waren leider nur, kurz aber intensiv. Wir hatten Angst davor, gesehen zu werden. Schließlich war es mir verboten worden, Sascha zu sehen. Ich nahm ihn jedesmal zärtlich in die Arme, küßte und liebkoste ihn. Auch versprach ich ihm, immer zu kommen, wenn es möglich sei. Glückseligkeit überkam mich, wenn ich nur daran dachte, ihn am folgenden Tag wiedersehen zu dürfen. Um sein Wohl brauchte ich mir keine Sorgen machen. Er war bei seinen Großeltern bestens aufgehoben. Liebe bekam er reichlich. Und finanziell hätte ich ihm auch nicht das bieten können, was er jetzt genoß.

Wie dreckig es mir zu dieser Zeit ging, brauchte dort niemand zu wissen. An manchen Tagen hatte ich nichts zu essen. Wenn Christof oder Zora für mich keine Mahlzeit übrig hatten, blieb ich hungrig. Nach einigen Tagen konnte ich meinem Magen lediglich eine Karotte anbieten, weil sonst nichts mehr aus dem Garten zu holen war.

Kurz nach der Scheidung mußte ich unfreiwillig Damjans große Liebe kennenlernen. Er brachte sie eines Abends mit, denn wir wohnten ja noch immer unter einem Dach, um in seinem Raum mit ihr zu übernachten. Den Eltern wollte er wohl die ekstatischen Lustschreie ersparen. Mir wurden sie zugemutet. Damjan nutzte sein Zimmer lange Zeit als Liebesnest. Eines Tages im Herbst, etwa im Oktober, offenbarte er mir, daß ich das Haus zu verlassen hätte. Da er noch zu der Firma gehörte, dessen Haus wir bewohnten, ich aber nicht mehr, hatte ich mein Wohnrecht verwirkt. Meinem Einwand zufolge, er müsse mir wenigstens bei der Suche eines Zimmers behilflich sein, verdankte ich es, noch einige Zeit bleiben zu dürfen. Seine Schikanen nahmen kein Ende. Der Winter stand vor der Tür, und die Temperaturen sanken erheblich. Meine einzige Wärmequelle bestand aus einem Elektroofen. Kurzerhand wurde mir der Strom abgeschaltet. Nachdem ich mich bei den Stadtwerken erkundigt hatte und diese mir bestätigten, daß keine Stromsperrung vorliegt, mußte Damjan die entnommenen Sicherungen wieder einsetzen. Irgendwer aus meiner „lieben“ Nachbarschaft informierte ihn genau, zu welchen Zeiten ich das

Haus verließ. Und so konnte er abermals einen Tiefschlag landen.

Nach meiner Rückkehr aus der Stadt fehlte der Heizofen. Von diesem Zeitpunkt an blieb mein Zimmer kalt. Besaß ich doch kein Geld, um mir einen neuen zu kaufen. Die Krönung der Unverschämtheit erlebte ich wenig später. An der Eingangstür versperrte mir ein riesiges Vorhängeschloß den Eintritt. Ich war wieder einmal mit meinen Nerven am Ende. Mit einer Axt bewaffnet, die ich mir aus dem Geräteschuppen holte, marschierte ich zur Haustür. Mit einigen kräftigen Schlägen zertrümmerte ich das Schloß und begab mich in mein Zimmer. Woher ich die Kraft nahm, weiß ich nicht. Die Axt behielt ich bei mir. Jetzt war ich bereit zu einem offenen Schlagabtausch, ganz gleich, was mit mir danach geschehen sollte. Ich hatte sowieso alles verloren. Um sich zu vergewissern, wie ich auf die versperrte Haustür reagiert hatte, stand er neugierig im Flur. Wie eine Furie, die Axt in meiner rechten Hand, ging ich auf ihn los. Er wurde schreckensbleich und wich zurück. Ich schrie ihn an: „Wenn du es wagst, mich noch ein einziges Mal zu belästigen oder zu schikanieren, bringe ich dich um.“

Panik stand ihm ins Gesicht geschrieben, als er aus dem Haus stürmte. Ich glaubte, daß er nun begriffen hatte, daß er mit mir auf diese Art und Weise nicht mehr umgehen durfte. Zwei Tage nach diesem Zwischenfall mußte ich zur Polizei. Er hatte mich angezeigt. Der Tatbestand: Mordversuch. Ich zwang mich dazu, dem Wachhabenden in aller Ruhe meine Situation zu schildern. Meine Aussage wurde protokolliert. Nachdem mir das Protokoll vorgelesen worden war, unterschrieb ich es. Lächelnd verabschiedete sich der Polizist von mir. Die Sache wurde polizeilich nicht weiter verfolgt, da man meinen eingehenden Ausführungen Glauben schenkte. Gab es doch noch gute Menschen, die ich bis lang nur noch nicht kennengelernt hatte?

Bis zum nächsten Frühjahr konnte ich in unserer Wohnung verbleiben. Damjan traute sich nach unserem letzten Streit nicht mehr allein in das Haus. Mein resolutes Auftreten hatte ihm einigermaßen Respekt eingeflößt. Vielleicht sogar Angst. Die Schikanen und Sticheleien von dieser Seite blieben also zum Glück für eine längere Zeit aus.

Zur Ruhe kam ich trotzdem nicht, denn nun machte mich Christofs ehemalige Lebensgefährtin zu ihrer Feindin. Da sie ja die Kinder von Christof hatte, im Alter zwischen 16 und 18 Jahren, durfte sie weiterhin in seinem Haus wohnen. Auch zu ihrem Lebensunterhalt trug Christof einen gewissen Teil bei. Eines Tages, es waren einige Grad unter Null, schlug sie mir, ohne jede Vorwarnung, die Fensterscheiben ein. Zitternd vor Angst und Kälte ging ich zu Christof, um ihm die Geschehnisse mitzuteilen. Ohne zu zögern, begab er sich zu einem Glaser, der mir mein Fenster reparieren sollte. Anstatt die fertige Scheibe mitzubringen und sie vor Ort einzusetzen, wurde das gesamte Fenster herausgenommen und in der Werkstatt repariert. In meinem Zimmer herrschten eisige Temperaturen. Der Schaden wurde von ihm bezahlt, und somit war der Fall für mich erledigt.

Am nächsten Tag aber erfolgte das gleiche Spiel mit gleicher Besetzung. Wütend stürmte ich aus dem Haus und stellte sie zur Rede. Jetzt erfuhr ich den wahren Grund ihres Mißmutes gegen mich. Christof hatte vor einiger Zeit die Unterhaltszahlungen eingestellt. Den Grund dafür nannte er ihr nicht. Sie nahm jetzt an, daß er mir dieses Geld zur Verfügung stellte. Doch weit gefehlt, bis auf ein paar Mahlzeiten erhielt ich von ihm nichts, schon gar kein Geld. Ich wies sie darauf hin, daß sie auch zukünftig nicht viel erwarten könne, wenn sie mir weiterhin die Fensterscheiben zertrümmerte. Die Reparaturkosten müsse jedesmal er tragen. Zufrieden mit meinen Erklärungen, jedoch nicht restlos überzeugt, zog sie sich in ihre Wohnung zurück und ließ mich fortan in Ruhe. Mein Fenster wurde wieder repariert.

Zu erwähnen ist noch, daß Christof ihr gegenüber keinerlei Verpflichtungen mehr hatte. Sie arbeitete und verdiente sich nämlich ihren eigenen Lebensunterhalt. Seine Verpflichtung bestand nur gegenüber den Kindern. Sie waren es, die ihr ein weiteres Wohnrecht ermöglichten.

Mein Verhältnis zu Christof kühlte allmählich ab. Er zog sich mehr und mehr zurück. Zuerst versuchte ich noch, mich an ihn zu klammern. Er war ja der Strohhalm, der mir etwas Halt versprach.

Seinem Ruf als Casanova wurde er allerdings vollends gerecht.

Hatte er doch bereits eine neue Flamme für sich entfacht, die es galt, am Brennen zu halten. Meine Enttäuschung darüber, wieder einmal nur ausgenutzt worden zu sein, tat meinem Selbstbewußtsein nicht gerade gut. Aufgrund dieses Verhältnisses hatten auch meine Großeltern jeglichen Kontakt zu mir abgebrochen. In dieser Situation zu meinem Papa zu gehen, dafür fehlte mir der Mut. War meine Scham doch viel zu groß, ihm einen solchen Fehltritt eingestehen zu müssen.

Die einzigen Menschen, die mir blieben und mir zur Seite standen, waren Zora und Kosta. Diese beiden sollten mir in der Zukunft zeigen, welche Bedeutung der Begriff Freundschaft hat. Kosta und Christof waren, da beide aus Griechenland stammten, seit Jahren gute Freunde. Nachdem meine Beziehung zu Christof bekanntgeworden war, bestellte Kosta ihn zu sich nach Hause und zwang ihn zu einem ernsthaften Gespräch.

Nachdem beide ihren Standpunkt dargelegt hatten, gab es für Kosta nur eine Konsequenz. Christof hatte meine mißliche Lage ausgenutzt, um mich seiner Trophäensammlung hinzuzufügen, und hatte somit das Recht auf seine Freundschaft verwirkt. Solch ein verwerfliches Handeln wollte und konnte Kosta nicht dulden. Er warf Christof aus dem Haus. Was es bedeutete, dieses harmonische Paar, sprich Zora und Kosta, zu Freunden zu haben, sollte mir erst in der darauffolgenden Zeit klar werden.

Ihren zwei Kindern, einem Sohn und einer Tochter, schenkten sie eine glückliche Kindheit. In ihrer Familie wurden Liebe und gegenseitiges Vertrauen groß geschrieben. In jeder Situation wurde den Kindern Verständnis entgegengebracht. Und selbst für mich als Außenstehende blieb genügend Liebe übrig. Beide Kinder hatten im Haushalt keinerlei Verpflichtungen. Sie konnten ihr gesamtes Augenmerk auf die Schulaufgaben richten. Zeit genug zum Spielen oder Treffen mit ihren kleinen Freunden blieb allemal. Es war wunderbar mitanzusehen, wie schön ein vernünftiges Miteinander sein konnte. Zora war Hausfrau. Sie hatte reichlich damit zu tun, ihre Vierzimmerwohnung in Ordnung zu halten. In ihrer Freizeit schneiderte sie die tollsten Sachen. Mein Ansinnen, ihr wenigstens bei der Wäsche behilflich zu sein, wurde vehement abgelehnt, denn dafür kam ja eine Zigeunerin ins Haus. „Wir sind Freunde, und ich möchte dich nicht ausnutzen.“ So oder ähnlich lauteten stets ihre Worte. Kosta war wohl kein kleiner Beamter, doch er konnte das Auto der Behörde auch privat nutzen. Die Wohnung war nach meiner Einschätzung sehr komfortabel ausgestattet. Zentralheizung und ein sehr großes Bad standen ihnen zur Verfügung. Dieses Bad durfte ich einmal im Monat auch für mich nutzen. Die volle Badewanne stand mir dann, so lange ich wollte, zur Verfügung. In der großen Küche, in der man sich meistens aufhielt, standen außer den normalen Möbeln, wie Tisch und Stühlen, eine komplett eingerichtete Einbauküche. Ein mehrflammiger Elektroherd und diverse Kleingeräte erleichterten Zora auch hier die Arbeit. Eine Spülmaschine gab es natürlich noch nicht. Das Schlafzimmer war normal eingerichtet mit dem üblichen großen, viertürigen Schrank. Auf den Nachtkonsolen, rechts und links am Kopfteil der Betten, standen niedliche Lämpchen. Eine Frisierkommode rundete das Gesamtbild ab. Im Kinderzimmer stand außer den Betten noch ein Schrank. Der Platz reichte ebenfalls für einen Tisch mit zwei Stühlen. An ihm konnten die Schulaufgaben erledigt oder gespielt werden.

Der schönste und größte Raum war das Wohnzimmer. Breite Fenster erfüllten ihn mit viel Licht, das nur durch eine hauchdünne Gardine gedämpft wurde. Schmale Schals umrahmten es.

Die Wohnzimmergarnitur bestand aus einer klobigen Ledercouch mit zwei dazugehörigen Sesseln. Tisch und Schrank bestanden aus rustikaler Eiche. Auf den dicken Teppichen lief man wie auf Moos. Der Wohnzimmerschrank bestand zum Teil aus einer Glasvitrine. Hier blickte man auf erlesene Gläser. Einige Moccatassen aus feinem Porzellan fanden ebenfalls hier ihren Platz. Ein großes Gemälde über der Couch gab dem Raum seine besondere Note. Und als Krönung stand auf einem Tischchen der Fernseher. Selbst ein Telefon war vorhanden.

Häufig nahm Zora mich in den Arm, wie eines ihrer Kinder. Ihre tröstenden Worte wie: „Auch für dich, mein Mädchen, kommen wieder bessere Zeiten“, bauten mich auf. Sie gaben mir die Kraft, die ich in dieser Lebensphase so dringend benötigte.

Meinen Dank an sie drückte ich nicht nur in Worten aus. In meiner Freizeit, die ich leider reichlich zur Verfügung hatte, stickte ich für sie. Verstand ich es doch, feine und wertvolle Stickarbeiten auszuführen. Das Geld für die Materialien erstattete sie mir. Ein paar Dinare für etwas Eßbares fielen des öfteren ebenfalls noch ab.

Der Winter war überstanden, eine sehr schwierige Zeit mit vielen Entbehrungen ging zu Ende. Die Sonne stand wieder höher am Himmel. Es war Anfang Mai. Der Garten, der längst hätte bestellt werden müssen, interessierte mich nicht mehr. Wußte ich doch, daß meine Tage in diesem Haus gezählt waren. Warum sollte ich die Früchte säen, die andere ernten würden.

Damjan heiratete seine große Liebe, die schon kurze Zeit nach unserer Scheidung bei meinen Schwiegereltern einzog. Er bedrängte mich ständig, endlich das Haus zu räumen. Erst nachdem er bei der Behörde intervenierte, bequemte man sich, mir eine neue Bleibe zuzuteilen. Am Tag des Umzugs stellte er mir den Wagen, den zwei Kühe zogen, vor die Tür. Einer seiner Bekannten verfügte über dieses Gespann. Um mich schnellstmöglich loszuwerden, legte er sogar beim Möbelschleppen selbst Hand an. An die Aufteilung der Sachen, wie sie im Vorfeld abgesprochen war, hielt er sich selbstverständlich nicht. Anstatt der Möbel aus meinem bisher bewohnten Raum, lud er alle möglichen Teile auf. Ein uralter Schrank aus der ehemaligen Vorratskammer war mit dabei. Die Scharniere der Türen zum Teil defekt, im Ganzen ziemlich demoliert und mit leichtem Schimmelbesatz im Bereich der Füße. Was konnte ich erwarten von einem Möbelstück, daß monatelang in einem ungeheizten und leicht feuchten Raum gestanden hatte. Aus der Küche bekam ich das alte Sofa, auf dem er nach unserer Trennung mit seiner Geliebten genächtigt hatte. Dann noch der klapprige Küchentisch und zwei Hocker, das war alles, was er mir an Möbeln ließ. Hinzu kamen einige Kleinteile wie Töpfe, Geschirr und ein Besteck, eine alte Emailleschüssel, die auch schon bessere Zeiten gesehen hatte, und ein Eimer. Mein Hochzeitsgeschenk von Tante Vera, den Plattenspieler, rettete ich letztlich mit Gewalt. Zum Schluß kamen mein Oberbett, ein Kopfkissen, Bezüge und einige Handtücher. Mein Kleiderschrank interessierte ihn nicht, enthielt dieser sowieso nur meine erbärmliche und verschlissene Kleidung. Einige Gläser und Blechdosen komplettierten meinen neuen Hausstand.

Die Nachbarschaft wurde rechtzeitig durch ihn über meinen Auszug informiert. Als sich der Wagen in Bewegung setzte, traten die Nachbarinnen vor ihre Häuser. Mit Kochlöffeln und leeren Töpfen bewaffnet, klapperten sie kräftig, um mich zu verabschieden. Nur unliebsame Zeitgenossen wurden auf diese Art verabschiedet. Mich störte es nicht mehr. Hatte ich doch schon vor langer Zeit mit diesen Leuten abgeschlossen.

Meine neue Wohnung bedeutete einen weiteren Abstieg aus der normalen sozialen Gesellschaft. Mitten in der Stadt, im Hinterhof einiger Geschäfte, befand sich der Raum. Mit knapp 4 Ouadratmetern war er kaum größer als Zoras Badezimmer. Die öffentlichen Toiletten befanden sich in direkter Nachbarschaft. Nur eine Wand trennte uns. Bestialischer Gestank umgab mich, da es ja langsam auf den Sommer zuging. Erst auf mein besonderes Bitten bei der Behörde wurden die übervollen Klärgruben nach einigen Tagen abgepumpt. Durch eine Brettertür, die nur durch ein Vorhängeschloß gesichert werden konnte, gelangte ich direkt in mein Zimmer.

Ein kleines Fensterchen ließ spärliches Licht herein. Ein Blümchen ans Fenster zu stellen, hätte keinen Sinn gehabt. Es fehlte auch ein Brett, das als Fensterbank hätte dienen können. Auf dem Boden lagen rohe Holzbretter mit breiten Fugen. Was wollte man auch anderes erwarten, handelte es sich doch um einen ehemaligenVorratsraum für Heizmaterial. Das Geschäft, zu welchem dieser Raum gehörte, rüstete auf Ölheizung um, und aus diesem Grund wurde er frei. Die Möglichkeit, einen Ofen aufzustellen, bestand nicht, hierfür fehlte ein Anschluß für den Rauchabzug. Es gab nicht einmal Strom. Eine einfache Lichtleitung wurde mir erst nach vier Wochen gelegt. Erst nach vielfachem Betteln sorgte Christof letztendlich dafür, daß ein Bekannter mir diese Leitung zog. Die Absicherung dafür war so schwach, daß immer nur die Lichtquelle oder die Kochplatte betrieben werden konnte.

Das einzige, was diesen Raum von einem Stall oder Lagerraum unterschied, waren die frisch gestrichenen Wände. Ein häßlicher Gelbton war ungleichmäßig verteilt worden. Meine paar Möbelstücke standen in sehr kurzer Zeit an Ort und Stelle. Die Helfer fuhren nach Hause, und ich war zum ersten Mal allein in dieser trostlosen Unterkunft. Durch eine einfache Kette schloß ich den Raum von innen ab. Mit Tränen in den Augen zog ich eine traurige Bilanz.

Geboren in der besten Gegend von Belgrad, im Diplomatenviertel, war ich nun über einige Stationen, die immerhin ein halbwegs vernünftiges Wohnen ermöglicht hatten, in dieser erbärmlichen Unterkunft gelandet. Ohne finanzielle Mittel und beraubt vom allem, was mir einigermaßen wertvoll erschien. Nicht einmal meine Nähmaschine besaß ich noch. Die hatte ich schon vor langer Zeit verkaufen müssen, weil sie mir wenigstens einige Mahlzeiten ermöglichte. Ich tröstete mich mit dem Gedanken, wenigstens ein Dach über dem Kopf zu haben. Mit den mir zur Verfügung stehenden Mitteln, also mit Wasser, begann ich, mein Heim zu säubern. Der mitgebrachte Schmutz wurde von den Möbeln entfernt. Es beruhigte mich zu wissen, daß es wenigstens sauber war.

Die Straße spielte in der nächsten Zeit für mich eine große Rolle. Sie gab mir zu essen und zu trinken. Die Frischwasserzapfstelle befand sich etwa 100 Meter entfernt von meinem Schuppen. Der Marktplatz war ebenfalls ganz in der Nähe. Täglich boten die Händler ihre Waren an. Ich wartete bis mittags, kurz vor Geschäftsschluß. Dann ging ich los, um nach verwertbaren Teilen Ausschau zu halten und sie einzusammeln. Alle Reste, die von den Marktbeschickern aussortiert wurden, sah ich nochmals gründlich durch. Auf diese Weise erbeutete ich Gemüse und sogar Obst. Trotz intensiver Suche nach Eßbarem und den Mahlzeiten bei Zora sowie einiger Zuwendungen von Christof blieben viele Tage übrig, an denen ich nichts zu essen hatte. Ein Schluck Wasser war dann das einzige, was meinen Magen etwas ruhigstellte. Nachts träumte ich von Schlemmertafeln, was mich häufig aus dem Schlaf riß. Ganz besonders schlimm empfand ich den Hunger, wenn ich über die Straßen lief und die Wohlgerüche der Küchen herüberzogen.

Eines Tages brachte Christof ein riesiges Stück Fleisch vorbei. Er dolmetschte des öfteren am Schlachthof, wenn die Transporter für Griechenland beladen wurden. Eine Aufbewahrung dieses schnell verderblichen Lebensmittels war mir nicht möglich, die Temperaturen waren zu hoch und einen Kühlschrank besaß ich nicht. In den folgenden zwei Tagen konnte ich mich aber doch sattessen. Den Rest brachte ich zu Zora, die mir als Gegenleistung einige Mahlzeiten versprach. Miete und Strom mußte ich für diesen „Stall“ trotz der widrigen Umstände zahlen. Auch dabei half mir Christof, der dafür allerdings eine Gegenleistung verlangte. Wie verwerflich berechnend er war, merkte ich erst jetzt, denn er wollte immer wieder mit mir schlafen.

Sascha konnte ich in dieser Zeit nur in unregelmäßigen Abständen treffen. Er war jetzt zweieinhalb Jahre alt. Was ihm über mich erzählt wurde, entzieht sich meiner Kenntnis. Das einzige, was er bei unseren Zusammentreffen verlangte, waren Leckereien. Konnte ich diese manchmal nicht vorweisen, drehte er sich um und lief zurück zur Oma. Fragte ich ihn nach Gegenständen, wie Spielzeug, welche er mit sich brachte, sagte er nur: „Die sind von Mama.“ Die Schläge, die mir seine Entfremdung versetzte, trafen mich mitten ins Herz. Er entfernte sich mir mehr und mehr. Unsere Treffen wurden seltener.

Die Zeit der Entbehrungen war noch lange nicht vorbei. Zora kam für fünf Wochen ins Krankenhaus. Sie mußte sich einer Unterleibsoperation unterziehen. Ihren Haushalt übernahm während dieser Zeit ihre Mutter. Informiert über meine mißliche Lage, lehnte sie mich vollkommen ab. Sie mochte mich nicht. Für sie war ich eine heruntergekommene Bettlerin, die während ihrer Herrschaft über Zoras Haushalt das Haus nicht betreten durfte. Selbst die Kinder von Zora durften während dieser Wochen keinen Kontakt mit mir pflegen.

In gewisser Weise hatte sie recht. Eine Bettlerin war aus mir geworden. Und doch hat es die Straße niemals geschafft, mich ganz herunterzuziehen. Heute erfüllt es mich mit Stolz, sagen zu können, daß selbst die größten Entbehrungen es nicht geschafft haben, mich auf die niedrigste Stufe der Gesellschaft zu zwingen. Prostitution und Verbrechen blieben tabu für mich. Wäre mir dadurch doch der Weg zurück in ein „normales“ Leben versperrt worden.

Oberstes Gebot war auch weiterhin für mich die Sauberkeit. Verzichtete ich doch lieber auf eine Mahlzeit, um mir für dieses Geld ein Stückchen Seife zu kaufen. Meine Kleidung war zwar alt, doch achtete ich auch weiterhin darauf, daß sie nie ungepflegt aussah. Es wurde wieder Herbst. In den Haushalten versorgte man sich nach und nach mit Heizmaterialien für den Winter. Jetzt boten sich mir geringe Möglichkeiten, ein paar Dinare zu verdienen. Ich bot meine Dienste an, Kohlen und Holz in die Vorratslager zu schaffen. Körperlich war es teilweise Schwerstarbeit, denn durch mein karges Essen war ich nicht gerade die Stärkste. Die Aussicht, über etwas Geld zu verfügen, ließ mich auch dieses überstehen.

Kohlen, die in großen Blöcken angeliefert wurden, mußten vor der Einlagerung in handliche Stücke zerkleinert werden. Mit Axt oder Hammer zertrümmerte ich diese Klötze und trug sie eimerweise ins Haus. Holzhacken hatte ich ja schon in meinem Elternhaus gelernt. Jetzt erleichterte es mir die Sache ungemein. Durch diese und andere kleine Dienstleistungen hielt ich mich über Wasser. Aber die schwierigste und härteste Zeit meines so jungen Lebens stand mir erst bevor. Eines Nachts unterschritten die Temperaturen die Frostgrenze. Ich war 21 Jahre alt und wog ganze 38 Kilo. Meine Wohnung glich einem Eiskeller. Wenn ich aus der Stadt zurückkam, legte ich mich meistens sofort ins Bett. Hier ertrug ich die Kälte einigermaßen.

Zora konnte es nicht mehr mit ansehen, wie ich ohne Heizung dahinvegetierte. Sie gab mir ein Elektroöfchen. Viel änderte sich dadurch nicht. Über einen längeren Zeitraum konnte der Ofen nicht betrieben werden. Die Sicherung war zu schwach und sprang immer wieder heraus. Eine zusätzliche Möglichkeit, mich etwas zu wärmen, schaffte ich mir trotzdem. Ich erwärmte einen Ziegelstein auf der Kochplatte, packte ihn in ein altes Tuch und legte ihn danach in mein Bett. Auch tagsüber blieb jetzt der Frost, der lange

Winter begann. Gesundheitlich ging es mir immer schlechter.

Ein Arztbesuch brachte mir neue, schlimme Erkenntnisse. Mangelerscheinungen, hervorgerufen durch die schlechte Ernährung, machten mir zu schaffen. Die weißen Blutkörperchen drohten überhand zu nehmen. Nur ausgewogenere Nahrung wie Fisch, Leber und andere Dinge konnten diesen Mißstand beseitigen. Erst als ich dem Arzt sagte, daß an manchen Tagen nur eine Ration Wasser eine Mahlzeit ersetzte, verschrieb er mir einige Medikamente. Welchen Stellenwert Menschlichkeit und Nächstenliebe in diesem Land einnahmen bewies meine aktuelle Situation. Geld besaß ich keines, somit konnte ich dem Arzt auch nichts geben. Dieser sah sich demnach auch nicht genötigt, mir weitere Hilfe zukommen zu lassen. Ein kurzer Krankenhausaufenthalt hätte dieses Problem schnell gelöst. Mit Medikamenten rückte ich den Mangelerscheinungen zu Leibe, und allmählich erholte ich mich. Zora überstand ebenfalls ihre Operation recht gut. Ich besuchte sie täglich. Schlug ich doch zwei Fliegen mit einer Klappe. Zum einen sah ich dadurch eine Freundin und konnte mich mit ihr unterhalten, zum anderen war es dort schön warm. Ich brauchte nicht in meinem Zimmer sitzen und frieren. Ende November kam sie wieder nach Hause. Die Oma verlor ihre Regentschaft. Ich durfte wieder in ihr Haus. Da sie noch ziemlich geschwächt heimkehrte, half ich ihr bei der täglichen Arbeit. Dafür blieb ich im Haus, bis Kosta von der Arbeit zurückkehrte.

Das Wetter spielte zeitweise verrückt. Einige Tage waren kalt und frostig, dann wurde es wieder etwas milder, und es goß wie aus Eimern. Für solche Extreme waren meine Schuhe nicht mehr gut genug. Einige undichte Stellen bescherten mir regelmäßig nasse Füße. Zum Schutz vor der Feuchtigkeit wickelte ich sie in Folie ein. Dieser Zustand gefiel Zora überhaupt nicht. Meine Füße sind sehr klein, Größe 36. In ihrem Haushalt gab es keine passenden Schuhe mehr. Die Kinder waren lange herausgewachsen. Sie ging los und kaufte mir kurzerhand ein paar dunkle Gummistiefel und warme Socken. Normale Schuhe wären zu teuer gewesen. Überglücklich nahm ich sie entgegen. Tränen der Freude liefen über meine Wangen. Ich nahm sie in die Arme und drückte sie. Bestand meine Möglichkeit zu danken doch nur aus Gesten. Sie verstand und wehrte freundlich lächelnd ab. Worte fielen keine.

Irgendwann im Dezember machte Christof ein vor langem gegebenes Versprechen wahr. Er vermittelte mir eine Saisonarbeit am Schlachthof. Für drei Monate wurden Aushilfskräfte benötigt. Ein kurzes Einstellungsgespräch genügte, und ich hatte den Job. Meine Lage erschien mir in einem etwas rosigerem Licht. Weltbewegend war es nicht. Jetzt rächte es sich, daß ich keinen richtigen Beruf erlernt hatte. Die dreimonatige Ausbildung zur Schneiderin diente jedenfalls nicht als Grundlage für diesen Beruf. Bei jedem Vorstellungsgespräch, das ich in der Vergangenheit führte, wurden eine Ausbildung und Berufserfahrung verlangt. Die neue Stelle ermöglichte es mir aber wenigstens, etwas Geld zu verdienen.

Am ersten Tag bekam ich Kleidungsstücke, die für meinen Wirkungskreis unerläßlich waren. Sie bestanden aus einem langen weißen Arbeitsmantel und einer Kopfbedeckung aus dem gleichen Stoff. Gummistiefel und Handschuhe sowie eine überdimensionale Gummischürze komplettierten die Ausstattung. Die Arbeit begann in dem Raum, in dem die Tiere geschlachtet wurden. Die Todesschreie der Rinder und Schweine und all das Blut, durch das ich laufen mußte, erregten in mir Übelkeit. Mit einem Schlauch, aus dem eiskaltes Wasser kam, mußte ich das Blut vom Boden spülen. Anschließend wurden die Fliesen in der Halle mit einem Gummiwischer getrocknet. Am späten Vormittag schickte man mich in eine andere Halle. Hier trennten die Metzger das Fleisch von den Knochen. Alle unverwertbaren Abfälle und die Knochen schafften wir Hilfskräfte in einen dafür bereitstehenden Container. Schnittverletzungen an den Knochensplittern waren häufig die Folge. Alle mit Schlachtabfällen und Tierhäuten gefüllten Container wurden von einer Tierkörperbeseitigungsanstalt abgeholt.

Jeder Arbeitstag war schwer, kalt und naß. Einen großen Vorteil aber hatte dieser Job. Es gab eine Kantine, in der alle Mitarbeiter kostenlos essen durften. Ich aß häufig mehr, als mein Magen verarbeiten konnte. Hatte ich doch vieles nachzuholen. Konsequenz waren Übelkeit und Magenverstimmung. Nach etwa eineinhalb Wochen wehrte sich mein Körper gegen die Zugluft und das viele kalte Wasser. Eine dicke Erkältung war unausweichlich. Schnupfen und leichter Husten waren die ersten Symptome. Nach einigen Tagen steigerte sich der Husten zu einer ausgewachsenen Bronchitis. Nächtlicher Schüttelfrost hielt mich jedoch nicht davon ab, am darauffolgenden Morgen die Arbeit wieder aufzunehmen. Krank werden durfte man nicht, und es kam, was kommen mußte. Der Vorarbeiter beobachtete, wie stark mir die Hustenkrämpfe zusetzten. Die Gefahr durch ausgehustete Viren war für solch einen Lebensmittelbetrieb zu groß. Man schickte mich kurzerhand nach Hause. Natürlich nicht um meine Erkältung auszukurieren, sondern mir meine so umkämpfte Geld- und Nahrungsquelle zu nehmen. Nach gut zwei Wochen stand ich also, krank geworden durch diesen Betrieb, wieder auf der Straße.

Der Kontakt zu meiner Mutter war inzwischen vollends abgerissen. Sie lebte zu dieser Zeit bei ihren Eltern in Belgrad. Informanten, die ihr von meiner Lage Bericht erstatteten, mußte es allerdings einige geben. Um ihrem Titel „Mutter“ gerecht zu werden, hätte sie jetzt eigentlich handeln müssen. Doch weit gefehlt. Es genügte ihr nicht, mich so am Boden zu wissen. Aus Scham versuchte ich auch nicht, mit Tante Vera Kontakt aufzunehmen. Wie ich später erfuhr, wäre diese Kontaktaufnahme auch kläglich gescheitert, denn Mutter und Tante Vera hielten als Schwestern engen Kontakt. Mit falschen Informationen hatte Mutter bei Tante Vera den Eindruck erweckt, daß ich mit ihr nichts mehr zu schaffen haben wollte. Sie trauerte sehr darüber. Wie konnte ich, als ihre Lieblingsnichte, so einfach den Kontakt abbrechen? Leider kannte sie das wahre Gesicht meiner Mutter nicht.

Das Geld, welches ich für meine Arbeit im Schlachthof erhalten hatte, gab ich vorsichtig und überlegt aus. Es war sowieso nicht viel. Um so wichtiger erschien mir eine vernünftige Einteilung. Überwiegend Konserven, etwas Öl und natürlich Seife kaufte ich dafür. Diese Artikel konnte man alle über einen längeren Zeitraum aufbewahren. Einige Dosen Ölsardinen waren mit dabei. Aus solch einer kleinen Dose konnte ich zwei Mahlzeiten gewinnen. Am ersten Tag tauchte ich ein Stück trockenes Brot in das Öl. Am zweiten Tag verblieben mir die Fische und wieder etwas Brot.

Die größere Investition war ein preiswerter Wintermantel. So war ich warm verpackt, und meine doch recht verschlissene Kleidung, die ich darunter trug, war verdeckt. Der Mantelstoff bestand aus schwerem Segeltuch mit einem warmen Steppfutter. Das Beste war die fest mit dem Mantel verbundene Kapuze, die vor Wind und Wetter schützte. Die breite Knopfleiste, die Revers und ein wuchtiger Kragen verliehen ihm sogar noch ein klein wenig Eleganz.

Meine Erkältung klang langsam ab. Zoras Pflege, ihre warme Wohnung und einige Medikamente zeigten Wirkung. Täglich bat ich Gott um Hilfe und Unterstützung. Die Gebete gaben mir innerliche Kraft, all das zu überstehen.

Eines Abends, ich befand mich auf dem Heimweg von Zora, traf ich Papa. Dicke Schneeflocken fielen vom Himmel. Man sah kaum die Hand vor den Augen. Mit tief heruntergezogener Kapuze prallten wir beinahe zusammen. Im letzten Moment erkannte er mich. Ich hatte nicht damit gerechnet, ihn zu treffen, benutzte ich doch nur Nebenstraßen, um so ziemlich unerkannt, meine ärmliche Lage verbergend, nach Hause zu gelangen. Ich vermutete ihn auf einer seiner vielen Dienstreisen. Geschockt über mein Aussehen und meine Verfassung lud er mich in einen nahegelegenen Gasthof ein. Ohne viele Worte bestellte er zuerst etwas zu Essen. Da auch ich nach Fassung rang und nicht wußte, was ich zuerst erzählen sollte, ließ er mir Zeit. Schweigend saßen wir uns gegenüber, bis der Teller vollkommen leer war. Er trank ein Bier und rauchte eine Zigarette.

Es kam mir vor wie eine Ewigkeit, bis er endlich das Schweigen brach. Seine erste, aber intensive Frage galt mir und meinem Zustand. Vor Scham und innerlicher Traurigkeit bekam ich kaum ein Wort heraus. Er wiederum nahm meine Hand, drückte sie kräftig und ermunterte mich somit, endlich zu berichten. Daß er über keinerlei Informationen von mir verfügte, hatte er mit seiner ständigen Abwesenheit begründet. Er lebte zu dieser Zeit allein und hielt sich überall im ganzen Land auf. Ich hingegen, so langsam glücklich darüber, ihn endlich wiedergefunden zu haben, begann zu erzählen. Auf einmal sprudelte es nur so aus mir heraus. Er saß mir schweigend, doch sichtlich erregt gegenüber. Später sagte er mir, meine Ausführungen hätten sich angehört wie aus einem schlimmen Roman.

Das wahre Leben war allerdings mein bisheriger Autor gewesen. Wir redeten noch lange. Ich machte ihm klar, daß nur die Scham über meinen Abstieg mich bisher davon abgehalten hatte, Verbindung mit ihm aufzunehmen. Er erzählte auch von sich. Nun war ich an der Reihe, aufmerksam zuzuhören. Seine Dienstreisen erstreckten sich über das ganze Land. Eines Tages in Bosnien traf er meinen leiblichen Vater. Nach fast zwanzig Jahren sahen sich die ehemaligen Freunde wieder. Auch bei dieser Begegnung blieb es bei einem nüchternen Männergespräch. Mein leiblicher Vater hatte Bely allerdings beim Abschied noch seine Anschrift überlassen. Diese händigte Papa mir aus. Bei Interesse meinerseits sollte ich mich also bei ihm melden. Unsere Unterhaltung war beendet. Papa drückte mir bei der Verabschiedung noch etwas Geld in die Hand. Seine nächste Dienstreise stand kurz bevor. Meine Adresse teilte ich ihm nicht mit. Zu groß war meine Scham.

Ich versprach, mich nach seiner Rückkehr in etwa fünf bis sechs Wochen bei ihm zu melden. Nach dem Verlassen des Gasthofes verschwanden wir beide in entgegengesetzten Richtungen in der Nacht.

An Einschlafen war an diesem Abend natürlich nicht zu denken. Die Ereignisse und Erzählungen hatten mich innerlich aufgewühlt. Immer wieder erschienen Papas Worte und Gesten vor meinem inneren Auge. Die Tatsache, nun endlich die Anschrift meines Erzeugers zu kennen, berührte mich zunächst weniger. Nach einigen Überlegungen nahm ich mir trotzdem vor, irgendwann mit ihm Kontak aufzunehmen. In den frühen Morgenstunden schlief ich erschöpft ein. Ein Traum riß mich jäh aus dem kurzem Schlaf. Die Vergangenheit holte mich in den verschiedenartigsten Alpträumen ein, in denen Mutter die Hauptrolle spielte. Ich konnte es aber kaum erwarten, Zora von dem Zusammentreffen mit Papa zu berichten. Interessiert und gerührt folgte sie meinen Ausführungen.

Die nächsten Tage verliefen ohne nennenswerte Ereignisse. Dieses schreckliche Jahr ging zu Ende. Zum Jahreswechsel war ich, wie sollte es anders sein, bei Kosta und seiner Familie eingeladen. Zora begann am Silvestertag vormittags, ein Kleid zu schneidern. Aus drei verschiedenen Stoffresten zauberte sie bis zum Nachmittag ein süßes Kleidchen für mich. Neu eingekleidet und voll froher Erwartung, feierten wir den Jahreswechsel. Gutes Essen, etwas Wein und Tanz zu griechischer Musik ließen mich für ein paar Stunden alle Sorgen vergessen. Das neue Jahr wurde mit einem Gläschen Sekt begrüßt. Irgendwann gegen zwei Uhr gingen wir ins Bett. Nach Hause brauchte ich in dieser Nacht nicht zu gehen. Ich durfte auf dem Sofa im Wohnzimmer übernachten. Erst am Neujahrstag, nach dem Mittagessen, kehrte ich in meine Behausung zurück.

In den nächsten Tagen besorgte ich für das Geld, welches ich von Papa erhalten hatte, einige Sachen für Saschas Geburtstag. Preiswert erstand ich einen Bollerwagen. Dieser Handwagen war groß genug, so daß Sascha in ihm Platz zum Sitzen fand. Einige Süßigkeiten besorgte ich ebenfalls. Der 11. Januar kam und somit Saschas Geburtstag. Erwartungsvoll stand ich mit meinen Sachen am verabredeten Ort. Oma wollte mir dieses Zusammentreffen ermöglichen. Sollten doch seine strahlenden Augen über die Mitbringsel meine Sehnsucht nach ihm etwas stillen. Oma kam allein. Eine starke Erkältung fesselte meinen Sohn angeblich ans Bett. Ich gab ihr den Wagen und einen Teil der Süßigkeiten mit. Den Rest hob ich mir für spätere Treffen auf. Wieder einmal wußte ich nicht, wohin mit meinen Gefühlen. Weinend über diese erneute Enttäuschung trat ich den Heimweg an. Erst in meiner Wohnung konnte ich die Tränenflut stoppen. Ohnmächtig stand ich der Willkür seines Vaters gegenüber.

Ich wußte nur eins, sollte ich einmal über Geld verfügen, wäre mein einziges Bestreben der Kampf um mein Kind. Ein Rechtsanwalt sollte mich dabei unterstützen. Zora war es, die meinen Optimismus zurechtstutzte. Einzig mein eigenes Überleben müsse momentan im Vordergrund stehen. Das eigene, nackte Überleben. Mir sollten noch einige Unwegsamkeiten bevorstehen.

Die Tage waren jetzt bitterkalt und die Nächte nicht minder. Das Thermometer rutschte unter 20 Grad minus. Mein Zimmer war ein Eiskeller. Das Frischwasser in dem Eimer gefror nachts zu einem Eisblock. An einigen Tagen konnte ich meine Tür nur mit Gewalt öffnen. Sie fror einfach im Rahmen fest. Das vorhandene Oberbett gab mir vor dieser Kälte keinen Schutz mehr. Zora half mir auch aus dieser Misere mit zwei zusätzlichen Wolldecken. Der Elektrokocher lief ständig auf kleiner Stufe. Mit zwei Ziegelsteinen, welche ich im Wechsel erwärmte, verschaffte ich mir im Bett ein geringes Gefühl von Wohlbehagen.

So konnte es nicht weitergehen. Ich begann, meine Gedanken neu zu ordnen. Behilflich dabei war mir der Zettel, auf dem die Anschrift meines leiblichen Vaters stand. Vielleicht hatten die vergangenen Jahre seine Einstellung und seine Gefühle zu mir verändert. Mutig und zu allem entschlossen, begann ich, ihm einen Brief zu schreiben. Die Bitte, ihn besuchen zu dürfen, brachte ich ebenfalls darin unter. Endlos lange wartete ich auf die Antwort. Sie kam, und meiner Bitte nach einem Wiedersehen wurde entsprochen. Der mögliche Reisetag stand fest. Erkennungszeichen am Bestimmungsbahnhof sollte seine rote Mütze sein. Er war dort der Stationsvorsteher.

Die Reisevorbereitungen bereiteten mir einige Mühe. Fahrgeld und kleine Begrüßungsgeschenke mußten beschafft werden. Wollte ich durch die kleinen Geschenke doch erreichen, nicht gleich am Bahnhof zurückgeschickt zu werden. Die Fahrkarte kaufte mir Christof. Kosta und Zora verhalfen mir zu den Geschenken. Für ihn, meinen Erzeuger, eine Flasche Vinjak, ein Paket Kaffee für seine Frau und diverse Kleinigkeiten für meine drei Halbschwestern. Süßigkeiten waren hier wohl nicht mehr ganz angebracht, denn die drei waren bereits 18, 16 und 14 Jahre alt. Zora lieh mir noch einige Kleidungsstücke ihrer Tochter. In der Nacht vor meiner Abreise konnte ich nicht einschlafen. Aufregung und Anspannung waren einfach übermächtig.

Am frühen Morgen bestieg ich den Zug. Etwa 300 Kilometer Fahrt standen mir bevor. Am späten Nachmittag fuhr der Zug im Bahnhof von Zvornik ein. Ich war der einzige Fahrgast, der hier den Zug verließ. Somit hatte ich auch keinerlei Schwierigkeiten, meinen Vater zu erkennen. Wir waren die einzigen Menschen, die sich zur Zeit auf dem Bahnsteig befanden. Die Begrüßung verlief kühl und reserviert. Ich traf einen Fremden. Wenige Augenblicke später hörte ich hinter mir einige Stimmen. Seine Frau und die drei Kinder waren voll Neugierde mit zum Bahnhof gekommen. Der Zug, mit dem ich ankam, war der letzte in diesem Ort für diesen Tag, so hatte mein Vater Feierabend, und wir gingen gemeinsam zu seinem Haus. Bei der grimmigen Kälte bedeutete ein Fußmarsch von etwa 30 Minuten eine große zusätzliche Anstrengung.

Im Haus angekommen, mußte ich, zitternd nicht nur vor Kälte, sofort am warmen Kachelofen Platz nehmen. Das Essen war bereits vorbereitet, doch bis zur endgültigen Fertigstellung verging noch einige Zeit. Die nutzte mein Vater dazu, mir viele Fragen zu stellen. Ich kam mir vor wie bei einem Verhör. Um mich herum saßen seine Töchter, die jedes meiner Worte förmlich aufsaugten. Ob sein Wissensdurst Interesse an meiner Person oder reine Neugierde war, vermochte ich in diesem Augenblick nicht zu beurteilen. Zwischenzeitlich stand das Essen auf dem Tisch, und alle nahmen Platz. Während der Mahlzeit unterblieben die bohrenden Fragen. Nach dem Essen ging das Fragespiel weiter. Die erste Frage bezog sich darauf, wie lange ich bleiben wollte. Besaß dieser Mensch überhaupt kein Taktgefühl? Ich war doch gerade erst angekommen.

Die Erläuterungen und Erzählungen über meine Person wurden danach recht sparsam. Trotzdem erwähnte ich meine Scheidung und daß ich im Augenblick ohne Arbeit wäre und auf welche Art und Weise man mir mein Kind wegnahm. Als ich am anderen Morgen im Bett eine erste Bilanz zog, mußte ich feststellen, daß die Realität meilenweit hinter den Erwartungen zurückblieb. Menschliche Gefühle oder Zuneigung konnte ich hier nicht feststellen. Aber was machte das? Besaß ich doch einen guten Vater, und einen zweiten brauchte ich nicht. Mein Entschluß stand fest. Am anderen Morgen wollte ich wieder abreisen. Im Laufe des Tages unterrichtete ich meine Gastgeber darüber. Mit einigen Dinaren und etwas Wegzehrung setzte ich mich am nächsten Morgen in den Zug. Wieder einmal um eine Enttäuschung reicher. Diese bedrückte Stimmung währte den ganzen Tag. Völlig in Gedanken versunken, machte mich das Zugpersonal darauf aufmerksam, daß mein Zielort erreicht war.

Am Abend konnte ich einfach nicht zu Hause bleiben. Die Erlebnisse der letzten drei Tage mußte ich mir von der Seele reden. Also machte ich mich auf zu Zora. Mit wem sonst hätte ich darüber reden können?

Mehr als erstaunt öffnete sie die Tür. So früh hatte sie nicht mit meiner Rückkehr gerechnet. Wir begrüßten uns so herzlich, als wäre ich wochenlang fort gewesen. In den nächsten Tagen und Wochen sprachen wir noch oft über meinen Besuch in Zvornik. Gefühle zwischen Vater und Tochter sind vorhanden oder nicht. Bei uns eben nicht. Und sie gab mir recht darin, so zeitig wieder abgereist zu sein.

Die Zeit verging, und der Frühling ließ sich nicht aufhalten. Die Versuche, Sascha von weitem zu sehen oder ihn gar zu treffen, wurden immer häufiger zu Mißerfolgen. Da man offenbar wußte oder ahnte, an welchem Ort der Stadt ich mich aufhielt, vermieden sie es, mir zu begegnen. Einige Zufallstreffen waren nicht immer vermeidbar. Mir bedeuteten sie sehr viel.

Die wärmenden Strahlen der Sonne erweckten in mir neuen Lebensmut. Das triste, graue Licht des Winters verschwand. Die Schneereste, die aufgetürmt und dreckig am Straßenrand lagen, verschwanden. Längst war die Erde aufgetaut und neues Leben erwacht. Das merkte ich deutlich. Vor meiner Wohnung, neben dem Zugang zum Haus, befand sich ein Stückchen Garten. Aber für das Aussäen von etwas Gemüse reichte es leider nicht. Unkraut machte sich breit. Sorgsam beseitigte ich dieses Grünzeug, um Kapuzinerkresse auszusäen. Wenn alles so wachsen würde, wie ich es mir vorstellte, würde die häßliche Hauswand davon bedeckt. Versonnen stand ich vor meiner Behausung und betrachtete sie bei Sonnenlicht. Im Winter war es schon schlimm gewesen, aber jetzt, im strahlenden Licht der Nachmittagssonne, fiel mir erst auf, wie häßlich sie wirklich war.

Das niedrige Dach mit den daraufliegenden alten, zum Teil bemoosten Pfannen machte nicht den Eindruck, als würden die nächsten Sturmböen hier spurlos vorübergehen. Ein kurzes Stück

Dachrinne oberhalb der Tür schützte mich kaum vor herunterlaufendem Regenwasser. Vor dem Fensterchen endete sie bereits. Der Dachüberstand war so gering, daß bei etwas Wind der Regen direkt an der Hauswand herunterlief. Dementsprechend sah diese aus. Am Fensterrahmen befanden sich bei genauerer Betrachtung noch Spuren einer ehemals weißen Farbe.

In einem entsprechenden Zustand befand sich auch der hölzerne Rahmen, brüchig und schwammig. Es kam mir vor, als würde der Kitt nicht nur die Scheibe, sondern das gesamte Fenster stabilisieren. Die Scheibe wurde selbst bei intensivster Pflege nicht klar. Aus dieser Erkenntnis heraus wuchs in mir der feste Wille, schnellstmöglich dieser Hütte zu entkommen. Doch erst einmal versuchte ich, das Beste aus meiner Situation zu machen. Hatte ich doch bereits damit angefangen. Die ersten Samenkörner zur Verschönerung lagen in der Erde.

Mein Kontakt zu Zora war freundschaftlich wie eh und je. Wir sahen uns, so oft es ging. Reichte es nicht, daß Zora andauernd mit meinen Problemen konfrontiert wurde, so bekam sie nun ihre eigenen. Anfang Mai hatte ihre Tochter Jelena gerade ihren 16. Geburtstag gefeiert, da begann zu Anfang des Sommers der Schlamassel. Die jungen Leute hatten sich bei einer ihrer Freundinnen getroffen. Von dieser Feier kam Jelena nicht zurück. Die Befragung aller Beteiligten blieb negativ. Niemand hatte sie gesehen. Tags darauf wurde bei der örtlichen Polizei eine Suchmeldung abgesetzt. Nach einer Woche wurde sie ausfindig gemacht. Mit ihrem 18jährigen Freund war sie zu seinen Eltern durchgebrannt. Da sie bereits miteinander geschlafen hatten, erzwangen sie somit die Heirat.

Zora war nie sehr streng zu ihren Kindern gewesen. Mit verständnisvollen Worten hätte man dieses Problem also auch auf eine andere Art lösen können. Diese Woche der Ungewißheit über den Verbleib ihrer Tochter zerstörte sie fast. Schwere Depressionen plagten sie. Ich sprach ihr Trost zu, und versuchte ihr Mut zu machen. So konnte ich etwas von dem Guten zurückgeben, was ich vorher so reichlich von ihr erhalten hatte.

Ihre eigenen Sorgen waren so groß, daß ich ihr die meinen gar nicht mehr anvertraute. Aber unsere Freundschaft blieb bestehen.

Mein Gesundheitszustand ließ wieder einmal zu wünschen übrig. Die Treffen mit Christof wurden immer seltener, doch von Zeit zu Zeit kam er, um hin und wieder einmal mit mir zu schlafen. Er legte auch weiterhin die Karten für mich. Und, wie so oft, wurden seine Prophezeihungen wahr. So sagte er mir bereits lange vor unserer Scheidung, daß die Ehe nicht von Dauer sei. Ob diese Trennung wirklich in den Karten stand, vermag ich heute nicht zu sagen. Ein aufmerksamer Beobachter hätte aus unseren vielen Streitereien, die ja schon kurz nach unserer Eheschließung stattfanden, leicht schließen können, daß die Ehe nicht lange halten würde. Seine behutsame Art, mich für sich zu gewinnen, konnte ebenfalls ein von langer Hand vorbereiteter Plan gewesen sein.

Aber auch die Reise zu meinem Vater deutete er lange vorher an. Den Wunsch, meinen leiblichen Vater jemals zu treffen, hatte ich in keinem unserer Gespräche je erwähnt. Bevor sich mein Gesundheitszustand wieder merklich verschlechterte, deutete er mir an, daß ich in den nächsten Wochen zum Arzt müsse. Dieser Zustand war nun erreicht. Übelkeit und das Ausbleiben der Regel veranlaßten mich, schnellstens einen Arzt zu konsultieren.

Ich war von Christof schwanger. Eine größere Katastrophe war kaum vorstellbar. Verhütungsmittel wie in der heutigen Zeit waren für uns undenkbar. Man verließ sich auf die einfachen Rechenformeln, die, wie man heute weiß, fast sicher zu einer Schwangerschaft führten. Ein weiterer Tiefpunkt zeichnete sich ab. Alles durfte geschehen, nur das nicht. Als der Arzt mir seine Diagnose mitteilte, brach ich zusammen.

Ein Weinkrampf schüttelte mich. Ohne mich eines weiteren Blickes zu würdigen, wandte sich der Doktor ab, um den nächsten Patienten zu behandeln. Tief getroffen, verließ ich fluchtartig die Praxis. Ziellos lief ich durch die Stadt. Über Straßen und Plätze, vorbei an Bushaltestellen und Straßencafés. Ich schluchzte leise vor mich hin und bemerkte die Menschen rings um mich herum kaum. Meine Gedanken führten immer wieder zu einem Punkt. Zu dem in mir wachsenden Menschlein.

Ganz am Ende der Stadt befand sich ein Fluß. Auf einer seiner

Brücken fand ich mich wieder. Unter mir floß das klare Wasser langsam dahin. An den Ufern befanden sich einige Gruppen fröhlich herumtobender Badegäste. Normalerweise hätte man sich an solch einem fröhlichen Bild erfreuen können. Meine Stimmung war auf dem tiefsten Punkt angelangt. Lieber Gott, was habe ich verbrochen, daß du auch dieses noch geschehen läßt. Habe ich dir so Unrecht getan, um diese Strafe zu erdulden? Ich kann mich selbst nicht ernähren und soll nun auch noch zusätzlich ein kleines Mäulchen stopfen? Für dieses Kind darf keinesfalls die Straße das Zuhause sein! Immer noch schluchzend, bewegte ich mich mit diesen Gedanken langsam auf das Geländer zu. Ein Sprung in die Tiefe, und unser beider Probleme sind gelöst. Sascha ist gut versorgt, und auf mich wartet niemand.

Ich begann, langsam das sehr hohe Geländer zu erklimmen. Hinter einem der riesigen Pfeiler konnte niemand mein Vorhaben beobachten. Hier war ich allein. Allein, wie bei all meinen vorherigen Entscheidungen. Meine Knie berührten fast den Geländerrand. Ein Blick hinunter aufs Wasser stoppte jäh meine Bewegungen. Dieser Abgrund und der Gedanke an meinen Glauben zu Gott verboten mir, selbst über mein Leben zu richten. Mit hastigen Bewegungen löste ich mich vom kalten Stahl des Geländers. Plötzlich waren meine Gedanken wieder klar.

Ich blickte ängstlich nach links und rechts und stellte erleichtert fest, daß wirklich niemand meine absurden Aktivitäten beobachtet hatte. Die Tränen trockneten schnell auf dem Heimweg. Zora durfte von meinem derzeitigen Zustand nichts erfahren. Meine Angst vor dem Verlust ihrer Freundschaft war einfach zu groß. Konnte sie mir doch mit Recht vorwerfen, unverantwortlich und äußerst dumm gehandelt zu haben. Es begann ein Wettlauf mit der Zeit. Ich erhoffte Hilfe bei der Behörde. Hier wurde ich fast verhöhnt. Ein Beamter sagte mir: „Wir haben Ihnen das Kind nicht gemacht, wir können und werden Ihnen dabei nicht helfen. Wenden Sie sich an den Verursacher.“

Christof wußte von meiner Schwangerschaft bis zu diesem Zeitpunkt nichts. Als ich es ihm mitteilte, fiel er aus allem Wolken. Er verhielt sich fast so, als hätte er mit dieser Angelegenheit nichts zu tun. Als ich ihn um Hilfe anflehte, verneinte auch er. „Ich habe zwei Kinder, mehr will ich nicht“, sagte er schroff. Mit diesen Worten beendete er das Gespräch und ging.

Am nächsten Vormittag suchte ich den Arzt noch einmal auf. Er riet mir, das Kind auszutragen, um es anschließend zur Adoption freizugeben. Dieser Gedanke schien mir völlig absurd. Niemals ließ ich mich auf einen solchen Handel ein. Schon einmal hatte man mir ein Kind genommen, ein zweites Mal würde das nicht geschehen. Zu Hause angekommen, legte ich mich aufs Bett. Gedankenversunken nickte ich ein. Erst am späten Nachmittag erwachte ich schweißgebadet. Im Traum durchlebte ich die ganze Situation noch einmal. Plötzlich stand meine Entscheidung fest. Dieses Kind darf nicht geboren werden.

Lieber wollte ich mit der Schuld der Abtreibung leben, als mich nachher von einem Kind trennen zu müssen. Ärzte und Behörden versagten mir ihre Hilfe. So schlimm alles auch war, über eine Sache war ich doch erleichtert. Die Schwangerschaft wurde nicht, wie beim ersten Mal, erst nach fünf Monaten, sondern jetzt nach etwa acht Wochen erkannt. Durch die Arztbesuche und Behördengänge war nicht viel Zeit verstrichen. Ich befand mich am Ende der 11. Woche. Die einzige Lösung, die mir blieb, war ein Schwangerschaftsabbruch.

Meine Entscheidung teilte ich Christof mit. Ohne weitere Diskussionen riet er mir zu einem illegalen Abbruch. Er kannte eine alte Frau, die, so versicherte er mir, auf diesem Gebiet sehr erfahren sei. Ich erklärte mich damit einverstanden. Einen Tag Bedenkzeit bat ich mir jedoch noch aus.

Diesen Tag verbrachte ich in der Stadt. Mein Weg führte mich auch zu der Stelle auf der Brücke, wo ich fast einen fatalen Fehler begangen hätte. Ich ging ganz bewußt dorthin, lehnte mich ans Geländer und sah auf das Wasser hinab. An diesem herrlichen Sommertag sah die Welt etwas anders aus. Keine Gedanken, etwa hinunterzuspringen. Eine Lösung stand bevor, wenn auch keine gute, für mich aber die beste. Einige Tränen über das, was mir bevorstand und die Endgültigkeit dieser Entscheidung, konnte ich nicht unterdrücken. Entschlossen löste ich mich vom Geländer, trat auf den Gehweg und lief, ohne noch irgendwo stehenzubleiben, nach Hause. Am nächsten Vormittag klopfte Christof an die Tür und fragte nach meiner Entscheidung.

„Wir können gehen", sagte ich kurz, und wir verließen den Raum. Er hatte wohl auch keinen Sinneswandel meinerseits einkalkuliert, denn seine Kleidung entsprach nicht der, als wolle er nur in die Stadt gehen. Ein luftiges, offenes Oberhemd, eine Leinenhose und feste Laufschuhe sagten mir, daß dieser „Gang" fest eingeplant war. Ich trug ein leichtes Sommerkleid und Sandalen ohne Fersenriemchen. Gemeinsam machten wir uns auf den Weg. Er war beschwerlich und lang, etwa zehn Kilometer. In den nahegelegenen Bergen befand sich das Haus der selbsternannten „Heilerin". Schotterwege, teilweise mit Grasbewuchs, führten hinauf zu ihrem Anwesen.

Sengende Sonne und etwa 30 Grad Hitze erschwerten mir besonders den Anstieg. Wir unterhielten uns kaum. Allein nur mit der Wegbeschreibung hätte ich diesen Ort nie gefunden. Um so erstaunter war ich, mit welcher Sicherheit Christof diesen Weg beschritt. Ohne auch nur einmal unterwegs zu fragen, fanden wir die Hütte. War er vielleicht früher schon einmal hier gewesen? Danach gefragt habe ich ihn nie.

Schwitzend vor Angst und Hitze, kamen wir an. Er begrüßte die Frau kurz und wechselte einige Worte mit ihr, die ich nicht mitbekam. Sie schaute zu mir herüber und nickte. Freundlich lächelnd fragte sie uns, ob wir etwas trinken möchten. Hocherfreut über dieses Angebot, tranken wir das dargereichte Wasser in einem Zug aus. Erst jetzt setzten wir uns an einen rohen Holztisch, der im Schatten eines großen Feigenbaumes stand. Aus einem dickwandigen Steingutkrug füllte sie unsere Gläser wieder auf. Christof und ich saßen auf einer Bank hinter dem Tisch. Sie setzte sich mir gegenüber auf einen Hocker. Die kurze und belanglose Unterhaltung beendete sie, als ich mein Wasserglas zum zweiten Mal geleert hatte. „Komm", sagte sie nur, stand auf, und ich folgte ihr ins Haus.

Durch die Küche betraten wir einen kleinen dunklen Raum ohne Fenster. Sie knipste das Licht an. Von der Decke herunter hing ein Draht, an dem sich eine Lampenfassung mit einer fahlen Glühbirne befand. Rechts an der Wand stand eine Holzpritsche, davor ein Hocker. Gegenüber ein Wandregal, auf dem sich etliche, mir unbekannte Utensilien befanden. Wortlos deutete sie auf die Pritsche. Kein Laken, auf das ich mich legen konnte, sondern das nackte Holz. Die abgestandene, schlechte Luft in diesem Raum nahm mir fast den Atem. Panische Angst und die Hitze trieben mir den Schweiß aus allen Poren. Ich streifte mein Höschen ab, und mein Herz klopfte bis zum Hals. Ohne sich vorher zu waschen, nahm sie eine Holzspindel, mit der man die Wolle spinnt, zur Hand. Mit einigen beruhigenden Worten zerstach sie die Fruchtblase. Ein wahnsinniger Schmerz durchzuckte meinen Körper. Nun konnte ich nichts mehr rückgängig machen.

Tränen der Angst und des Schmerzes flossen aus meinen weitaufgerissenen Augen. „Es ist vorbei“, sagte sie nur. Und: „In ein paar Stunden werden auch die Schmerzen vergehen.“ Danach verließ sie den Raum. Vorsichtig stand ich auf. Mit einem mitgebrachten Tuch, das ich mir zwischen die Schenkel preßte, versuchte ich, das Blut zu stoppen. Nach etwa zwanzig Minuten beruhigten sich die starken Blutungen. Ich zog mich an, legte ein weiteres Tuch zum Schutz in meine Hose und verließ das Haus. Christof bezahlte die geforderte Summe, und wir machten uns auf den Heimweg. Die Alte verschwand im Haus, nachdem sie absichernd in alle Richtungen blickte, aus Angst, es könnte uns jemand zusammen gesehen haben. Schließlich war ihr Handeln strafbar.

In der sengenden Sonne des Nachmittags gingen wir zurück. Die Schmerzen und Krämpfe im Unterleib waren fast unerträglich. Schattenspendende Bäume gab es keine am Wegesrand. Jeder Schotterstein unter meinen Füßen verursachte neue Schmerzen. Stärkere Blutungen setzten ein und zwangen uns immer wieder zu kurzen Pausen. Nach einigen Kilometern überholte uns ein Pferdefuhrwerk. Ein Bauer schaukelte mit seinem leeren Heuwagen in Richtung Stadt. Christof bat ihn anzuhalten, um uns ein Stück mitzunehmen. Der Mann war freundlich, und wir nahmen hinten auf der Ladefläche Platz. Auf dem Wagen sitzend, ließen die Blutungen etwas nach, doch die Schmerzen blieben.

Unsere Körper wurden durch die schlechte Straßenbeschaffenheit kräftig durchgeschüttelt. Kurz vor der Stadt trennten sich unsere Wege. Wir bedankten uns und setzten die letzten Kilometer zu Fuß fort, unterbrochen von einigen Verschnaufpausen. Völlig entkräftet und durchgeschwitzt betrat ich meinen Wohnraum. Christof verabschiedete sich vor dem Haus von mir und ging. Für ihn war die Sache erledigt. Er war mitgegangen, hatte bezahlt und mich wieder zurückgebracht, alles weitere war für ihn ohne Interesse.

Mit einem Glas Wasser spülte ich mir den völlig ausgetrockneten Mund aus, den Rest des Glases schüttete ich förmlich in mich hinein. Ich wusch und erfrischte mich und fiel in mein Bett. Kleine Ringe tanzten mir vor den Augen, denn die Schmerzen waren fast unerträglich. Zum Stoppen des austretenden Blutes nahm ich Handtücher und Laken. Die Sonne ging langsam unter, und aus meinem Weinen und Wimmern wurden Schmerzensschreie. Ich verlor das Bewußtsein. Passanten, die am Haus vorbeigegangen waren, mußten meine Schreie gehört haben. Die Eingangstür war selten verschlossen, so auch dieses Mal nicht. Blutüberströmt und ohne Besinnung schaffte man mich ins Krankenhaus.

Zwei Tage danach erwachte ich in weißen Kissen und Laken und wähnte mich im Himmel. Hatte ich mich doch gerade erst in mein blutverschmiertes Bett gelegt. Es bedurfte einiger Erklärungen der Schwester, bis ich begriff, was in der Zwischenzeit geschehen war. Eine Frau, welche die öffentlichen Toiletten in meiner Nachbarschaft aufsuchen wollte, hatte mich also gehört. Neugierig geworden durch die Schreie, wollte sie sehen, was los war. Sie öffnete die Tür und sah mich völlig blutverschmiert im meinem Bett liegen. Aus Angst vor einem Verbrechen alarmierte sie die Polizei. Ein Beamter kam und überprüfte den „Tatort“. Ein zweiter Beamter alarmierte den Rettungsdienst. Der Notarzt, der mit dem Rettungswagen eintraf, stellte schnell fest, um welche Art von „Verbrechen“ es sich bei mir handelte. Man schaffte mich ins Krankenhaus und unterzog mich einer Notoperation. Die Polizisten verschlossen sorgfältig meine Wohnung und gaben die Schlüssel bei der Krankenhausverwaltung für mich ab.

Dieser Frau verdanke ich mein Leben. Hätte sie meine Schreie nicht gehört, wäre ich für immer verstummt. Durch das verantwortungslose Handeln dieser „Engelmacherin“ wäre ich fast verblutet. Eine Blutvergiftung, verursacht durch ihre verschmutzte Spindel, kam erschwerend hinzu. Sie hat nicht nur das in mir wachsende Leben ausgelöscht, sondern fast auch das meine. Vielleicht strafte mich Gott auch auf diese Weise, denn ich hatte ihr ja die Einwilligung dazu gegeben.

Durch diesen Eingriff nahm sie mir die Attribute einer Frau. Ich konnte keine Kinder mehr bekommen. Zwei Monate mußte ich im Krankenhaus bleiben. Die Schwestern und meine vier Zimmergenossinnen kümmerten sich rührend um mich. Alle waren nett und zuvorkommend, nur die Ärzte nicht. Ständig stellten sie mir ihre bohrenden Fragen nach der Verursacherin, die ich auf keinen Fall preisgeben wollte. Das regelmäßige Essen und die ärztliche Versorgung taten mir gut, langsam erholte ich mich von den Strapazen. Es war herrlich, in einem weißen und sauberen Bett zu schlafen. Die ständige Ruhe und Geborgenheit erweckten einen neuen Lebenswillen in mir. Ich nahm sogar einige Pfunde zu.

Zora war es nun, die mich trotz ihrer eigenen Probleme regelmäßig besuchte. Leichte Vorwürfe konnte ich aus ihren Worten vernehmen, als wir zum ersten Mal offen über meinen Zustand sprachen. Sie akzeptierte meine Worte nicht, mit denen ich versuchte, mich zu rechtfertigen. Ich wollte sie doch nicht mit meinen Sorgen belasten, hatte sie doch eigene genug. „Eine Freundschaft hat nur Bestand, wenn man insbesondere in schlechten Zeiten zueinander steht“, sagte sie zu mir. „In guten Zeiten benötigt man keine Freunde, da sind Bekannte ausreichend.“

Christof hielt es nicht für notwendig, mich im Krankenhaus zu besuchen. Bevor ich das Hospital verlassen durfte, bat Zora mich um den Wohnungsschlüssel.

Nach zwei Monaten Abwesenheit wollte sie vorher nach dem Rechten sehen. Kurzerhand setzte sie sich mit Christof in Verbindung. Gemeinsam entfernten sie das alte Bett. Das eingetrocknete Blut hatte es unbrauchbar gemacht. Einige neue Handtücher und frische Bettwäsche besorgten sie ebenfalls. Zurück aus der Klinik, erkannte ich die Fassade meiner Wohnung kaum wieder. Die Kapuzienerkresse rankte bis auf das Dach. Die gesamte Hauswand war ein Blütenmeer. Nur der Eingang und das Fenster waren frei.

Die Saat, welche ich im Frühling mit meinen Tränen gegossen hatte, war aufgegangen und erfreute mich nun mit ihrer Blütenpracht. Jetzt gab es nichts Wichtigeres, als mein Leben, welches ich auf wunderbare Weise zurückbekommen hatte, in neue Bahnen zu lenken.

Kaum aus dem Krankenhaus entlassen, mußte ich unbedingt Sascha sehen. Unendliche Sehnsucht überkam mich. Oma machte es, wie immer, möglich. Überglücklich nahm ich ihn in die Arme. Der kleine Kerl verstand ja nicht, daß ich ihn nur einmal kräftig drücken wollte. Er verlangte nur nach Süßigkeiten. Lediglich einige Stückchen Würfelzucker, die ich aus der Klinik mitgebracht hatte, konnte ich ihm geben. Glücklich kauend, zupfte er Oma am Ärmel und wollte weitergehen. Ich sollte ihn für längere Zeit nicht wiedersehen.

Durch meine letzten Erlebnisse wurde ich selbstbewußter, vielleicht auch frecher. Längst ließ ich mir nicht mehr alles gefallen. Da es langsam Herbst wurde, kamen auch die ersten kalten Nächte. Ich marschierte zur Behörde und beklagte mich über den Zustand der Wohnung. Nur eine zu schwach abgesicherte Steckdose für den Raum war zu wenig für den kommenden Winter. Man mußte mir die Möglichkeit geben, einen Heizofen anzuschließen und gleichzeitig meinen Kocher zu benutzen. Der Beamte schob mich einfach ab und sagte: „Irgendwann können sie es sich ja machen lassen.“ Doch damit gab ich mich diesmal nicht zufrieden. „Ich möchte sofort Ihren Chef sprechen“, sagte ich und setzte mich auf den Stuhl vor seinem Schreibtisch. Überrascht blickte er mich an, setzte sich ebenfalls und begann in einigen Akten zu blättern. Seine Verzögerungs- oder Einschüchterungstaktik störte mich in keiner Weise. Im Gegenteil, mit Nachdruck in der Stimme bestand ich auf einem Gespräch mit dem Amtsleiter.

Endlich begriff er, daß ich mich nicht mehr herumschubsen ließ. Er nahm den Telefonhörer und wählte eine Nummer. Am Ende der Leitung meldete sich offenbar ein Elektriker. Sie besprachen alle Einzelheiten, und bereits eine Woche später stand dieser Elektriker vor meiner Tür. Er arbeitete sehr sorgfältig und ließ sich jede Menge Zeit, denn für die beiden neuen Steckdosen, die er anschloß, benötigte er sage und schreibe einen ganzen Tag. Dieser Mann war mir völlig unbekannt, trotzdem verließ ich nachmittags das Haus. Angst um meine paar Habseligkeiten hatte ich keine. Wertgegenstände besaß ich erst recht nicht. Als ich zurückkehrte, war die Eingangstür nur angelehnt, und er war fort. Zurückgelassen hatte er nur etwas Schmutz und einige Stückchen Kabel.

Die Tage vergingen, und das Wetter verschlechterte sich. Regenschauer hinderten mich immer häufiger daran, das Haus zu verlassen. Den Marktplatz suchte ich weiterhin täglich auf. Inmitten des Marktes bot eine alte Bäuerin ihre Waren feil. Alles Erzeugnisse ihres eigenen Hofes, Geflügel, Käse und Gemüse. Im Laufe der Zeit hatten wir uns kennengelernt und sprachen häufig einige Worte miteinander. Sie war freundlich und nett und eine aufmerksame Beobachterin. Es blieb ihr nicht verborgen, daß ich keine Kundin im üblichen Sinne war. So kam es auch schon mal vor, daß sie mir einige Hühnerinnereien mitgab, um etwas Geschmack an meine sonst üblichen Wassergemüsesuppen zu bekommen. Häufig war meine Kleidung völlig durchnäßt, wenn ich aus der Stadt zurückkam.

Einen Schirm besaß ich nicht, und der Wintermantel aus dem vorigen Jahr ließ an einigen Stellen das Wasser durch. Aber ich hatte keine Angst mehr davor, mit den nassen Sachen am nächsten Tag wieder auf die Straße zu müssen, denn der Heizofen half mir beim Trocknen. Meine Suche nach Arbeit behielt ich natürlich bei. Mehrfach sprach ich bei den Firmen vor, doch man winkte nur ab. Die einzige Möglichkeit, ein paar Dinare zu verdienen, war die gleiche wie im Vorjahr. Holz und Kohlen schleppen. Die schwere körperliche Arbeit machte mir nicht mehr so viel aus. Jetzt versuchte ich, einfach nur an das Essen und an das Geld zu denken, was mir die Arbeit einbrachte. Der Schmutz dabei störte mich nicht, mit Wasser und Seife bekam ich das ja wieder hin.

Einer meiner Wege durch die Stadt bescherte mir unverhofftes Glück. Nur zwei Blocks entfernt hatte eine Familie ihre Wohnung renoviert. Etliche Gegenstände, die ich dringend benötigte, standen an der Straße zum Abtransport bereit. Hocherfreut schleppte ich die Sachen nach Hause. Einige Male rannte ich förmlich hin, damit niemand anderes mir zuvorkam. Etwas außer Atem betrachtete ich später meine Ausbeute. Einige Gardinen, ein halber Eimer Wandfarbe mit einem ausgefransten, breiten Pinsel, zwei gepolsterte Stühle, deren Sitzflächen ziemlich abgeschabt waren, und eine zierliche Stehlampe, deren Schirm einen kleinen Riß aufwies, dafür aber mit Glühbirne. Das Prachtstück von allem war ein Schränkchen. Keine Qualitätsarbeit, aber mit zwei intakten Türen. Kleinere Schönheitsfehler wie einige Kratzer in der Platte und nur drei Beine störten mich in keiner Weise. Platz für diese Möbelstücke hatte ich auch. Die Wand unter dem Fenster wurde der Standort für den Schrank. Meine alten Hocker, die ich einst mitbrachte, flogen vor die Tür, und dafür stellte ich die Stühle hin.

Bevor der Winter kam, verteilte ich die Farbe an den Wänden. Das war einfacher gesagt als getan. Nie zuvor hatte ich mit Farben und Pinsel gearbeitet. Dementsprechend sah ich aus. Übersät mit Farbspritzern an den Händen und am Körper begriff ich aber schnell die Technik, und die Zimmerwände bekamen den Rest der Farbe, der nicht an mir hängenblieb. Wohlwollend betrachtete ich das Werk und war sichtlich zufrieden mit meinen Streichkünsten. Nachdem die Möbel wieder zurechtgerückt waren, wollte ich noch die Eingangstür verkleiden. Ich schnitt einige Pappkartons zurecht und nagelte sie an der Innenseite fest. Zur Verkleidung bezog ich sie mit dem braunen Stoff der Übergardine, den ich ebenfalls ergattert hatte. Vor das Fenster, durch das der Wind heftig pfiff, spannte ich ein Stück durchsichtiges Plastik. Der Winter konnte kommen, die Tür war dicht, das Fenster ebenfalls, und etwas heizen konnte ich auch. Die ersten Schneeflocken fielen und mit ihnen die Temperaturen.

Arbeit gab es immer noch keine. Die regelmäßigen Besuche bei Zora mußte ich für einige Zeit aussetzen. Sie bekam Besuch aus der Verwandtschaft, der längere Zeit bei ihr verweilte. Mir fehlten die Mahlzeiten und ihre Unterhaltung. Sie vergaß mich trotzdem nicht. Die Kinder brachten mir häufig etwas zu Essen vorbei. Es fiel reichlich Schnee, und die Straßen wurden bald durch hohe Schneewälle eingesäumt. Ich verließ das Haus nur noch, um mir etwas Eßbares zu besorgen oder in den Firmen weiterhin nach Arbeit zu fragen. Die anhaltende Kälte veranlaßte mich, den ganzen Tag über das Elektroheizöfchen zu betreiben. Als mir dann die Stromrechnung auf den Tisch flatterte, bekam ich das große Zittern. Niemals konnte ich eine solch hohe Summe aufbringen. Bald mahnten die Stadtwerke ihre Rechnung an. Als die Frist, die man mir zur Begleichung der Rechnung gewährt hatte, verstrichen war, klemmte man mir den Strom ab. Wieder saß ich in der eiskalten Hütte.

Diesmal bat ich Kosta um Hilfe, da ich mich nicht traute, allein bei den Stadtwerken vorzusprechen. Erbost nahm er mich bei der Hand, und gemeinsam wurden wir dort vorstellig. Kosta war ja ebenfalls ein Beamter der Stadt. Diese Stellung nutzte er zu meinen Gunsten aus. Ein erstes Gespräch mit seinem Amtskollegen brachte Erfolg. Er erläuterte meine Lage und sagte ihm, daß ich zur Not in seiner Behörde für die Stromrechnung arbeiten könnte. Seit Monaten sei ich bemüht, einen Job zu finden. Was letztlich diesen Beamten dazu bewog, seine Forderungen gegen mich zurückzustellen, vermag ich nicht zu sagen. Wir verließen das Gebäude mit der Gewißheit, daß mir die Stromzufuhr nicht weiter verweigert wurde.

Der Jahreswechsel kam, mit ihm die Ungewißheit über das neue Jahr. Saschas 4. Geburtstag nahte. Seit Tagen zermarterte ich mir den Kopf, was ich meinem kleinen Jungen schenken könnte. Mein Geld reichte nicht einmal für zwei Mahlzeiten die Woche. Es durfte nicht sein, daß ich mit leeren Händen meinem Kind gegenübertreten mußte. Verzweitlung und Ratlosigkeit machen sich breit. Bei dem Gedanken daran, in seine traurigen und enttäuschten Augen zu blicken, überfiel mich blankes Entsetzen. Ziellos durchstreifte ich die Innenstadt, lief vorbei an Geschäften, die in ihren Auslagen viele schöne Dinge anpriesen. Meine verzweifelten Gedanken kreisten nur um ein kleines Geschenk für Sascha. Erst mal ein passendes Geschenk aufspüren, der Rest findet sich, dachte ich mir. Das Geld dafür muß ich dann halt auftreiben, wenn nicht anders, werde ich Zora oder Christof dafür anbetteln.

In der Spielwarenabteilung des Kaufhauses schlenderte ich durch die Gänge. Die Sachen, die in den Regalen lagen, waren wunderschön. Ein Blick auf die Preisschilder brachte mich jäh auf den Boden der Tatsachen zurück. So etwas kann ich mir nicht leisten. Machtlos, mit Tränen in den Augen, legte ich die Teile zurück ins Regal. Eine Verkäuferin trat auf mich zu und fragte, ob sie mir helfen könne. Ich verneinte und ging mit gesenktem Blick weiter, damit sie die Tränen in meinen Augen nicht sehen konnte. Langsam schlenderte ich weiter und blieb vor einem Regal mit hübschen Plüschtieren stehen. Ein kleiner Hund mit niedlichem Gesicht fiel mir ins Auge. Den wollte ich Sascha schenken. Während ich überlegte, wie ich das Geld dafür auftreiben könnte, geschah etwas für mich noch heute völlig Unfaßbares. Ein kurzer Blick nach links und rechts bestätigte mir, daß niemand mich beobachtete. Der Hund verschwand unter meinem Mantel, und ich bewegte mich in Richtung Ausgang. Erst auf der Straße wurde mir vollends bewußt, was ich getan hatte. Niemals zuvor hatte ich es gewagt, zu stehlen, nicht einmal vor Hunger hatte ich etwas mitgenommen. In meiner Angst und Verzweiflung, doch noch erkannt zu werden, eilte ich nach Hause. Niemand hatte bemerkt, daß aus einer Bettlerin eine Diebin geworden war.

Zu Hause angekommen, zog ich Mantel und Schuhe aus, nahm das Hündchen in beide Hände und warf mich, hemmungslos weinend, auf das Bett. Jetzt erst wurde mir bewußt, wie tief ich im gesellschaftlichen Gefüge abgesackt war. Ich schwor mir, daß nie wieder so etwas geschehen würde. Lieber würde ich verhungern als mich dieser Schmach des eventuellen Erkanntwerdens noch einmal auszusetzen. Es blieb das erste und einzige Mal.

Den Hund weiterhin im Arm haltend, schlief ich ein. In den Morgenstunden wurde ich durch einen Alptraum wach. Ich glaubte, daß die Polizei mich verfolgte. Gewissensbisse plagten mich den ganzen folgenden Tag. Wäre mir eine andere Lösung eingefallen, ich hätte dieses Plüschtier sofort zurückgebracht. Am 11. Januar, um die Mittagszeit, es war sein Geburtstag, ging Oma mit Sascha spazieren. Ein klarer, kalter, aber sonniger Tag.

Der Spaziergang war bereits vor längerer Zeit abgesprochen worden, und daß das Wetter mitspielte, war erfreulich. Am verabredeten Treffpunkt stand ich bereits eine Viertelstunde vor der Zeit, da ich auf Saschas Gesichtsausdruck gespannt war. In froher Erwartung stürmte er los, als er mich erblickte, und rief mir entgegen: „Mama, ich habe Geburtstag heute." Ich umarmte ihn und übergab das Päckchen. Nun hatte er keine Zeit mehr, mich nochmals zu umarmen, er nahm das Päckchen in seine beiden kleinen Händchen und zerriß mit einem kräftigen Ruck die Verpackung. Den Hund wie eine Trophäe über dem Kopf haltend, strahlte er mich an und schloß seine Ärmchen fest um dieses Plüschtier.

Vor Freude und Ergriffenheit über diese Szene kullerten mir einige Tränen die Wangen hinab. Diesen besonderen Augenblick behielt ich in Erinnerung, denn von diesem Tage an war der „Hund von Mama" sein liebstes Spielzeug für viele Jahre. Er ging nie mehr ohne ihn spazieren und erst recht nicht ins Bett.

Einige Tage nach dieser Begebenheit bekam ich einen Job als Kindermädchen in einer gutsituierten Familie. Die Eltern waren beide berufstätig, und ich war mit ihrem kleinen Sohn, der gerade mal sechs Monate alt war, tagsüber allein. Altersbedingt schlief der Kleine sehr viel, und ich konnte, wenn er nicht gerade gewikkelt und gefüttert werden mußte, in Illustrierten lesen. In Küche und Speisekammer befand sich reichlich Eßbares, und somit brauchte ich in dieser Zeit kein Essen zu kaufen. Die Eltern und ich verstanden uns prächtig, und mit meiner Fürsorge für das Baby waren sie ebenfalls zufrieden. Beim Einstellungsgespräch fragten sie alles Mögliche, nur nicht nach privaten Sachen. Dieser Tatbestand wurde mir nach ca. drei Wochen zum Verhängnis. In einer Unterhaltung, während ich dem Jungen das Fläschchen gab, leitete die Mutter das Gespräch scheinbar belanglos auf mein persönliches Umfeld. Es traf mich wie ein Fausthieb, als sie mir sagte, was sie durch Dritte erfahren hatte. Vorwurfsvoll, mit dem Unterton der Verachtung, offenbarte sie mir, daß ich nicht länger den Sohn versorgen dürfte, da man mir den eigenen fortgenommen hatte. Ohne die Möglichkeit, mich zu rechtfertigen und ihr meine Lage zu schildern, zahlte sie den ausstehenden Lohn und setzte mich vor die Tür. Niedergeschlagen begab ich mich auf den Heimweg.

Unterwegs zermarterte ich mir das Hirn. „Was habe ich nur verbrochen, um derartig bestraft zu werden?“ fragte ich mich. Ohne jegliche Chance, meine Situation zu erklären, wurde ich verurteilt und gebrandmarkt. Um meine Verdienstmöglichkeit gebracht und um etwas Eßbares zu bekommen, bemühte ich mich weiterhin intensiv um eine Anstellung. Außer ständigen Absagen, kalten Füßen vom Laufen durch die Stadt und quälendem Hunger Abend für Abend passierte nichts Weltbewegendes.

Zora erholte sich langsam von ihren Depressionen. Eine privat von Kosta angeheuerte Psychotherapeutin sowie der Rest ihrer Familie gaben ihr Halt und die nötige Unterstützung. Sie verstand es sogar wieder, mich in ihrer mütterlichen Art halbwegs aufzubauen. Den Kontakt zu Christof unterband ich weitestgehend. Einige Begegnungen ergaben sich noch in der darauffolgenden Zeit.

Körperlichen Kontakt lehnte ich strikt und unmißverständlich ab. Er hatte sich mir gegenüber zu berechnend, gefühlskalt und abstoßend verhalten. Das Kartenlegen und ein belangloses Gespräch waren das einzige, was uns noch zusammenführte. An eine Sitzung erinnere ich mich genau, denn er sagte mir aus dem Zusammenspiel der Karten, daß ich bald meine Koffer packen könne, um das Land zu verlassen. Die Zukunft verspräche mir Arbeit, Glück und Wohlstand in einem fernen Land. Ebenfalls würde ich wieder mit meinem Kind vereint werden.

All diese Ankündigungen vermochten es, mich ins Träumen zu versetzen und den grauen Alltag für kurze Augenblicke zu vergessen. Meine endlos lange und bislang vergebliche Suche nach Arbeit wurde belohnt. Ich bekam einen Dreimonatsjob in einer Schnapsfabrik. Sie lag am Rande der Stadt inmitten anderer Großbetriebe. Viele der hier arbeitenden Menschen waren ohne Fahrzeug, auch ohne Fahrrad, so wie ich. Eine Stunde Fußmarsch täglich für jede Wegstrecke nahm ich gern in Kauf. Arbeiten zu dürfen oder zu können, war in meiner Situation eben ein Privileg. Es bedeutete ein Stückchen Freiheit und Unabhängigkeit. Die Aussicht auf etwas Geld in der Tasche beflügelte mich allmorgendlich auf dem Weg zur Firma. Am ersten Tag zeigte ein Vorarbeiter mir den Betrieb und die Abteilungen, in denen ich eingesetzt werden sollte. Eine Kantine war ebenfalls vorhanden. Einen gravierenden Unterschied zur Kantine im Schlachthof gab es allerdings, denn hier waren die Speisen und Getränke kostenpflichtig. Trotzdem war ich froh darüber, denn endlich erhielt ich täglich eine Mahlzeit. Im Personalbüro bekam ich Essensmarken. Sie berechtigten mich, bis zur ersten Lohnzahlung ohne Bargeld zu speisen.

Die Arbeit war vielseitig und in einigen Abteilungen nicht sehr schwer. In den ersten Tagen mußte ich, wie alle Neulinge, die schlimmste aller Tätigkeiten ausführen. Die später zu befüllenden Schnapsflaschen wurden gewaschen. In einer schlecht beheizten Halle standen die Flaschenkisten stapelweise. Zu zweit trugen wir die Kisten mit dem schmutzigen Leergut an große, mit Wasser gefüllte Bottiche. Erst wurden die Flaschen einige Zeit im kalten Wasser eingeweicht. Klobige Gummihandschuhe schützten unsere Hände zwar vor dem Wasser, doch die Kälte drang fast ungehindert hindurch. Der Spülvorgang wurde durch rotierende Bürsten in Gang gesetzt, welche vom durchfließenden Wasser angetrieben wurden. Einige Klarspülgänge folgten, und dann konnten die Flaschen, auf dem Kopf stehend, damit das restliche Wasser heraustropfen konnte, zur Abfüllanlage gelangen.

Das Flaschenspülen beschäftigte mich die ersten Tage von morgens bis zum Feierabend. Im Laufe der nächsten Wochen durchlief ich fast alle Stationen im Werk. Einkorken und Etikettenaufkleben sowie das Verpacken der Flaschen in Kartons gehörten zu meinen Aufgaben.

Die drei Monate vergingen schnell, es war mittlerweile Anfang Mai und somit meine Saisonarbeit beendet. Man versprach mir, zukünftig an mich zu denken, wenn zusätzliche Arbeitskräfte benötigt würden. Doch auf dieses Angebot brauchte ich dann nicht mehr zurückzugreifen. Die angekündigte gravierende Änderung in meinem Leben ließ nicht mehr lange auf sich warten. Reichtümer konnte ich während der Zeit in der Schnapsfabrik nicht sammeln, und so begann der mir nur allzu gut bekannte Kampf ums nackte Überleben. Vier Tage später, ich unterhielt mich mit Zora in der Küche, kam Kosta von der Arbeit heim.

Schmunzelnd trat er mir gegenüber und fragte: „Willst du ins Ausland gehen zum Arbeiten?“ Verdutzt blickte ich ihn an, als wäre soeben ein Raumschiff neben mir gelandet. Ungläubig befragte ich ihn nach Einzelheiten. Er hatte sich mit einem Bekannten unterhalten, der die Nachricht im Arbeitsamt erfuhr. In drei westlichen Ländern würden Gastarbeiter gesucht. Die Sache interessierte mich. Am liebsten wäre ich sofort losgelaufen. Kosta bremste mich, denn das Amt war erst am anderen Morgen wieder geöffnet. Er meinte, ich sollte erst mal darüber schlafen, und wenn ich es am anderen Morgen immer noch wollte, dann solle ich mich erkundigen. Und ob ich wollte! Geschlafen habe ich in der Nacht kaum, dafür war ich viel zu aufgeregt. Am nächsten Morgen zog ich los, denn ich wollte unbedingt erfahren, was es mit dieser Nachricht auf sich hatte.

Als ich das Arbeitsamt betrat, staunte ich nicht schlecht. Eine lange Schlange Gleichgesinnter bevölkerte den Flur vor dem Büro der Vermittlung. Nur langsam löste sich die Schlange vor mir auf. Es dauerte fast bis Mittag, bis ich an der Reihe war. Hinter mir riß das Gedränge nicht ab. Im Büro befanden sich zwei Sachbearbeiter des Arbeitsamtes, eine Dolmetscherin und zwei Männer, die Deutsch sprachen. Bevor ich überhaupt etwas erfuhr, stellten sie mir erst einmal verschiedene Fragen. Denn nur, wer bestimmte Kriterien erfüllte, kam in den Genuß einer Vermittlung. Jung und unverheiratet sollten die Bewerber sein, möglichst ohne feste Bindungen. Leute, die nach einigen Wochen bereits zurückwollten, weil sie Heimweh bekamen, blieben unberücksichtigt. Die Investitionen für die Betriebe wären zu hoch. Für ein volles Jahr mußten Arbeitsverträge unterschrieben werden. Diese Voraussetzungen erfüllte ich alle, und nun wollte ich wissen, worum es ging. Man sagte mir, daß in Deutschland, Österreich und der Schweiz Arbeitskräfte gesucht würden. Auf die Frage des Beamten, in welches Land ich denn gehen wollte, antwortete ich spontan: Deutschland! Er machte sich weitere Notizen, und meine Worte wurden den beiden vom Dolmetscher übersetzt. Man wollte noch von mir wissen, warum ich mich für Deutschland entschieden hatte. Daraufhin erzählte ich eine kleine Geschichte, die mir mein

Großvater früher erzählt hatte. Bei meinen Großeltern waren im letzten Krieg deutsche Offiziere einquartiert. Diese Männer verhielten sich nett und zuvorkommend. Sie versorgten meine Angehörigen mit Lebensmitteln, sogar Schokolade und Rauchwaren. Die Dolmetscherin übersetzte meine Ausführungen, und die beiden Männer grinsten erheitert. Sie besprachen sich kurz und ließen mir übermitteln, daß ich angenommen sei.

Am liebsten hätte ich vor lauter Freude Purzelbäume geschlagen, doch ich bedankte mich höflich und wollte dann aus dem Zimmer stürmen. Der Beamte, der meine Befragung durchgeführt hatte, bremste mich. Er teilte mir mit, daß ich erst noch zu einer ärztlichen Untersuchung müsse, ein polizeiliches Führungszeugnis benötigte und einen Paß beantragen müsse. Danach ließ er mich gehen. Diese Freude konnte ich keinesfalls für mich behalten. Auf dem schnellsten Weg eilte ich zu Zora. Bei einer Tasse Kaffee ließ sie sich alles berichten und freute sich mit mir. Spontan umarmte sie mich und wünschte mir alles erdenkliche Glück.

Als erstes stand die Untersuchung an. Glücklicherweise litt ich nicht mehr an Unterernährung. Durch meine Arbeit in den letzten drei Monaten hatte ich regelmäßig zu essen bekommen und konnte somit einigermaßen die Mangelerscheinungen ausgleichen.

Körperlich war ich gesund, von dieser Seite wurden mir keine Steine in den Weg gelegt. Anders war es beim Paß und beim Führungszeugnis. Der Polizeibeamte benahm sich recht schäbig und fragte höhnisch, wohin ich denn mit einem Paß wolle, da ich als Bettlerin mir eine Reise doch wohl kaum leisten könne. Aber das Leben ist ein guter Lehrmeister, und weil ich eben nicht mehr die kleine graue Maus war, die sich alles gefallen läßt, antwortete ich spöttisch: „Ich werde nach Rußland fahren und mich mit der Laika auf den Mond schießen lassen. Dort oben gibt es bestimmt die Arbeit für mich, die mir mein Land nicht bieten kann.“ Damit hatte er nicht gerechnet, er sah finster aus und wollte gerade etwas sagen, als sich ein Kollege von ihm lachend aufbaute. „Gut gekontert“, sagte der, und die Situation entspannte sich wieder.

Der Beamte begann damit, das Formular auszufüllen, und nach geraumer Zeit, nachdem er noch einige Stempel und seine Unterschrift darunter gesetzt hatte, bekam ich das ersehnte Papier ausgehändigt. Bewaffnet mit diesem Führungszeugnis und einigen Fotos von mir, beantragte ich den Paß, der mir nach wenigen Tagen ausgehändigt wurde. Nun konnte es losgehen.

Deutschland wartete auf mich. Mein Arbeitgeber sollte die Firma Salamander in Kornwestheim bei Stuttgart sein. Der neue Lebensabschnitt kam mit Riesenschritten näher. Das entscheidende Datum, der Tag meiner Abreise, der 12. Juli 1969, rückte näher.

Zuvor ordnete ich einige Dinge und verabschiedete mich von den Menschen, die mir etwas bedeuteten. Sascha, Papa sowie Zora und ihre Familie. Meine Reisetasche war klein, was hatte ich schon mitzunehmen, außer einigen persönlichen Sachen. Kleidung zum Wechseln besaß ich nicht. Was aus dem Zimmer wurde, in dem ich die letzten Jahre hausen mußte, interessierte mich nicht mehr. Zwei schlimme Winter habe ich hier überlebt, der dritte ist mir erspart geblieben. Ich nahm mir vor, die Tür abzuschließen und den Schlüssel aus dem Zugfenster zu werfen. Doch ich habe ihn noch jahrelang behalten.

Am schwersten fiel mir der Abschied von meinem kleinen Sohn. Bisher hatte ich ihn wenigstens sehen können. Aber im Ausland? Sascha traf ich für lange Zeit zum letzten Mal. Er sah mich kaum an, als ich ihm sagte:

„Mein kleiner Junge, sei lieb zu deiner Oma, sie verdient es. Deine Mama geht nach Deutschland zum Arbeiten. Sie wird viel Geld verdienen. Ich werde dir alles kaufen. Mama kommt im nächsten Frühling mit den Amseln zurück. Jede Nacht werde ich dir mit den Sternen süße Küsse schicken. Vergiß nie deine Mama, die dich herzlich lieb hat. Ich habe nie auf dich verzichtet, wollte ich dir doch nur die Armut ersparen. Adieu, mein kleiner Sascha." Ich konnte nicht mehr. Die Augen voller Tränen, drehte ich mich um und ging.

Papa traf ich am Wochenende zuvor, da er wieder mal auf eine längere Reise ging. Er war ebenfalls traurig, daß ich mich entschlossen hatte, das Land zu verlassen. Mit tränenerstickter Stimme versicherte ich ihm: „Dich werde ich niemals vergessen. Du warst der beste Vater, den man sich wünschen kann." Wir umarmten uns, und er steckte mir noch einige Dinare zu. Nach einer längeren Unterhaltung und vielen guten Wünschen verabschiedete ich mich endgültig und ging nach Hause.

Der Abschied von Zora und Kosta verlief ähnlich dem von Papa. In Zora hatte ich eine Freundin und Mutter gefunden. Ohne ihre Hilfe wäre ich in den drei vergangenen Jahren wohl zugrunde gegangen. Ihr gab ich meine restlichen Dinare, denn mit diesem Geld konnte ich in Zukunft nichts mehr bezahlen. Ohne mir vorher etwas davon zu sagen, drückte sie mir ein Päckchen mit Reiseproviant in die Hand. Ein gebratenes Hähnchen, sauber verpackt in einer Zeitung. Wir umarmten und küßten uns zum Abschied, und ich sagte zu ihr beim Weggehen: „Ich werde nie wieder zurückkehren, um hier zu leben. Dieses Land hat mir nur Leid und Elend gebracht. Wenn ich wiederkomme, dann nur, um Urlaub zu machen und die mir liebgewordenen Menschen zu sehen." Ich wischte mir die Tränen ab und winkte ihr zu, bis ich sie nicht mehr sehen konnte.

In der Nacht vor meiner Abreise schlief ich kaum, denn viele Gedanken gingen mir durch den Kopf. Auf keinen Fall durfte ich verschlafen, also stellte ich meinen Wecker, so daß er mich zwei Stunden vor Reisebeginn weckte. Ich stand auf, ordnete mein Zimmer, kochte mir eine letzte Tasse Kaffee von dem Kaffeemehl, das mir Zora gegeben hatte, und aß das letzte Stückchen angetrocknetes Brot. Da ich noch Zeit hatte, spülte ich die Tasse, räumte den Tisch sorgfältig auf und setzte mich ein letztes Mal auf die Bettkante. Mein Blick durchstreifte den Raum, langsam erhob ich mich, ergriff meine Strickjacke, streifte sie über, nahm die Tasche und verließ das Haus. Von außen hängte ich das riesige Vorhängeschloß ein und drückte den Bügel herunter. Ohne Wehmut oder mich noch einmal umzuschauen, strebte ich dem Busbahnhof zu.

Es war noch etwa eine Stunde Zeit bis zur Abfahrt des Busses. Es schien, daß die Mitreisenden genauso schnell wegwollten wie ich. Etwa zwanzig Männer und Frauen saßen bereits auf ihren Koffern und erwarteten den Augenblick der Abreise. Die beiden Männer aus Deutschland, die ich im Arbeitsamt zum ersten Mal gesehen hatte, traf ich nun wieder. Sie begleiteten uns. Als der Bus vorfuhr, stürmten alle gleichzeitig los, so als ob der letze nicht mehr mitgenommen würde. Die Begleiter beruhigten uns, und verstauten die Koffer und Taschen im Gepäckraum. Erst danach ließen sie uns einer nach dem anderen in aller Ruhe einsteigen. Einigen Mitreisenden merkte man den Streß und die Anspannung an, sie reagierten nervös und gereizt. Ohne weitere Zwischenfälle setzte sich der Bus in Bewegung, hinaus aus der Stadt in Richtung Belgrad. Endlich legte sich auch meine Nervosität. Durch das gleichmäßige Rütteln des Busses und die Fahrgeräusche überfiel mich die Müdigkeit. Ich holte den fehlenden Schlaf der letzten Nacht nach. Das Gemurmel einiger Mitreisender, die sich unterhielten, weckte mich auf. Etwa 20 Minuten später stoppte unser Bus am Belgrader Bahnhof.

Etliche Busladungen arbeitssuchender Landsleute waren vor uns eingetroffen. Nach und nach schleusten uns die Begleiter ins Bahnhofsinnere zu unserem Zug. Erst jetzt konnte man sehen, wie viele Menschen bereit waren, wie ich ihre Heimat zu verlassen. Der eigens für uns bereitgestellte Zug füllte sich langsam. Sortiert nach den Aufnahmeländern geleitete man uns in die Abteile, die bei der Abfahrt bis auf den letzten Platz gefüllt waren. Als sich der Zug in Bewegung setzte, meldete sich mein Magen. Die Busfahrt und das Umsteigen hatten den gesamten Vormittag in Anspruch genommen.

Vorsichtig packte ich meine Zeitung aus und legte das gebratene Hähnchen frei, um es genüßlich zu verspeisen. Mehr als die Hälfte blieb jedoch übrig, die ich wieder in die Zeitung verpackte für eine neuerliche Mahlzeit.

Nonstop bewegten wir uns auf die jugoslawisch-österreichische Grenze zu. Die Grenzbeamten durchschritten den Zug, um unsere Pässe zu kontrollieren. Einzelkontrollen erfolgten nicht, da unsere Begleiter waggonweise unsere Reisedokumente bereits in Belgrad eingesammelt hatten. Ein Zöllner durchschritt den Wagen, schaute in jedes Abteil und stellte die Anzahl der Mitreisenden fest. Ein anderer überprüfte lediglich die Visaeinträge in den Pässen. Als der Zug sich wieder in Bewegung setzte, es muß nach Mitternacht gewesen sein, erfolgte ein allgemeines Aufatmen vor Erleichterung. Den ganzen Tag hatte ich Zweifel gehabt und gedacht, daß noch irgend etwas schiefgehen könnte. Aber es lief alles glatt. Ich glaubte es kaum, der Start in mein neues Leben verlief bislang ohne negative Zwischenfälle. Todmüde lehnte ich mich bequem in meinen Sitz und genoß das gleichmäßige Tuckern der Räder unter mir. Die Hitze des Tages war aus den Abteilen gewichen, eine angenehme frische Brise trat durch die einen Spalt breit geöffneten Fenster.

Ich schloß die Augen, um zu schlafen. Aber eine tiefverwurzelte Skepsis und Angst vor der Zukunft hielten mich wach. Der Gedankenberg schien immer höher zu werden, als ich versuchte, mir mein neues Leben vorzustellen. Mit feuchten Händen und kleinen Schweißperlen auf der Stirn kauerte ich plötzlich auf dem Sitz. Die anfängliche innere Ruhe wandelte sich in eine leichte Panik. Was erwartete mich in diesem fremden Land, dessen Sprache ich nicht sprechen, ja nicht einmal verstehen konnte? Holte mich die Vergangenheit etwa wieder ein? Geprägt durch meine dauernden schlechten Erfahrungen hatte ich noch etliche düstere Vorstellungen. Zum Glück setzte sich doch die Müdigkeit durch, und ich schlief ein.

Kurz vor Salzburg schlug ich die Augen auf, allgemeines Stimmengewirr im Durchgang vor dem Abteil hatte mich und die Mitreisenden meines Abteiles geweckt. Schlechter Atem und penetranter Schweißgeruch durchsetzten den Raum, jemand hatte in der Nacht das Fenster geschlossen. Aufkommende Übelkeit veranlaßte mich, schnellstens die Tür des Abteils zu öffnen und zur Toilette zu eilen. Einige tiefe Atemzüge in der frischen Luft im Flur halfen mir, den Brechreiz zu unterdrücken. In der Toilette erfrischte ich mich, so gut es ging, und schlenderte zum Abteil zurück. Wenig später hielt der Zug mit quietschenden Bremsen in Salzburg. Vom Begleitpersonal wurden wir aufgefordert, uns gruppenweise ins Bahnhofsrestaurant zu begeben. Auf den für uns reservierten Tischen standen Kaffeetassen. Dampfend heißer Kaffee wurde in großen Kannen frisch serviert. Der Kaffee war eine kleine Enttäuschung, denn für unsere Verhältnisse war er zu dünn. In meinem Land trank man einen Kaffee vergleichbar mit dem hier bekannten Türkischen Mocca. In kleinen Tassen, stark, mit viel Zucker. Aber auch dieser Kaffe weckte unsere Lebensgeister, und an den Tischen begann man, sich über die Ereignisse der vergangenen Stunden zu unterhalten. Wir erfrischten uns etwas in den Waschräumen des Bahnhofs und schlenderten anschließend noch an den Auslagen der Geschäfte vorbei. Überwältigt von der Vielfalt des Warenangebotes vergaßen wir fast die Zeit. Hektisch, fast rennend, begaben wir uns zurück in die Bahnhofsgaststätte. Beinahe hätten wir unsere angekündigte Mahlzeit verpaßt. Wir nahmen unsere Plätze ein und warteten schwatzend auf das Essen. Freundlich lächelnde Kellnerinnen servierten uns Wiener Schnitzel mit Pommes Frites und ein Tellerchen Salat.

Ausgehungert fielen wir über unser Mittagessen her. Ein Pudding als Dessert und Kaffee beendeten das Festmenue. Wann hatte ich zum letzten Mal ein Schnitzel gegessen, fragte ich mich und lehnte mich gesättigt in meinen Stuhl zurück. Trotzdem hätte ich noch eine Portion verdrücken können, dachte ich mir schmunzelnd.

Unsere Begleiter traten erneut in Aktion. Sie wiesen uns an, wieder im Zug Platz zu nehmen. Erst am Bahnsteig bemerkten wir, daß einige Wagen fehlten. Die nach Österreich und in die Schweiz fahrenden Waggons hatte man zwischenzeitlich umrangiert. Wieder auf unseren Plätzen und sichtlich gestärkt, fuhren wir weiter nach Stuttgart. Man legte uns nahe, noch etwas zu ruhen, da am frühen Abend in Kornwestheim ein gemeinsames Abendessen stattfinden sollte. In Stuttgart stiegen wir in einen anderen Personenzug um, der uns nach Kornwestheim brachte.

Dort angekommen, teilte man uns in kleine Gruppen zu je sechs Personen ein. Bereitstehende Kleinbusse verteilten uns in der ganzen Stadt. Meine Gruppe bezog eine Gemeinschaftsunterkunft am Stadtrand. Drei Schlafzimmer mit je zwei Betten, einer Gemeinschaftsküche und einem geräumigen Bad standen uns zur Verfügung. Wir hatten noch etwa eine Stunde Zeit, bis man uns zum Essen abholte. Ich ging, nachdem ich mit meiner Reisetasche meinen Schlafplatz markiert hatte, zuerst ins Bad und erfrischte mich gründlich. Die lange Fahrt hatte ihre Spuren hinterlassen. Frisch gewaschen und umgekleidet, erwarteten wir den Bus, der uns zu einer gemeinsamen Abendmahlzeit in eine größere Gaststätte abholte. Ein Herr aus der Personalleitung der Firma Salamander hieß uns alle herzlich willkommen und wünschte uns für die Zukunft alles Gute. Die Rede, welche uns die Dolmetscherin übersetzte, war kurz, und er machte uns darauf aufmerksam, daß nach dem Essen weitere Instruktionen für den kommenden Arbeitstag erfolgten.

Einige Kellner schleppten recht zügig die Speisen und Getränke an die Tische. Wir bedienten uns, und man hörte außer dem Klappern der Bestecke auf den Tellern kaum etwas. Jeder war mit sich selbst und dem Essen beschäftigt, somit wurde kaum gesprochen. Allen steckte die lange Reise in den Knochen, man war einfach nur müde.

Der Kaffee nach dem Essen machte uns wieder etwas munter. In einer Ecke des Speiseraumes saß die Dolmetscherin mit einem Mitarbeiter der Firma an einem kleinen Tisch. Namentlich rief man uns nacheinander dorthin. Wir erhielten einen Vorschuß auf unseren Lohn von 150 Mark und für einen ganzen Monat Essensgutscheine für die Werkskantine. Nachdem alle ihre Plätze wieder eingenommen hatten, erhielten wir die letzte und wichtigste Information, die Wegbeschreibung zum Werk. Zum genauen Kennenlernen der Wegstrecke würde uns am anderen Morgen jemand abholen und ins Werk begleiten. Völlig übermüdet, aber satt und glücklich, fuhren wir in unsere Unterkünfte, und ich fiel ins Bett, stellte den Wecker, sprach ein kurzes Dankgebet und schlief sofort ein. Als der Wecker mich aus dem traumlosen Schlaf riß, mußte ich mich erst einmal orientieren. Im Grau des herannahenden Morgens erkannte ich meine neue Umgebung und vergoß ein paar Freudentränen. Ich war ergriffen von der Erkenntnis, endlich arbeiten zu dürfen, und dem Luxus um mich herum. Um das Fenster zu öffnen, schob ich die bodenlange Übergardine beiseite. Mein Blick fiel auf einen gepflasterten Hinterhof mit Büschen und einer Bank aus schmalen Brettern.

Ich drehte mich um und registrierte erst jetzt die Details des Schlafzimmers. Die Möbelstücke aus Kiefernholz waren neu und der Raum schlicht weiß gestrichen. Rechts und links an der Fensterseite standen die Betten mit dem Kopfteil zum Fenster. Auf den Nachtschränkchen daneben standen je ein Wecker und eine kleine Leselampe. An den Fußenden der Betten standen je ein Kleiderschrank, bestückt mit Ersatzbettwäsche und Handtüchern sowie etlichen Kleiderbügeln. Der Teppichboden im gesamten Raum verschluckte jegliche Schrittgeräusche und zauberte eine Wohlfühlatmosphäre. Im Winter würde die Wärme des Heizkörpers der Zentralheizung unterhalb des Fensters seinen Teil zur Gemütlichkeit beitragen. Die dreiarmige Deckenleuchte mit ihren nach oben offenen Halbschalen verbreitete ein angenehmes indirektes Licht. Eine würdige Unterkunft hatte ich mir erhofft, doch die Unterbringung in solchen Räumen hatte ich nicht im Traum erwartet. Das Tüpfelchen auf dem i war eindeutig der Fernseher in jedem unserer Schlaf- und Wohnräume. Ein Tisch und zwei Stühle rundeten das Gesamtbild ab.

Durch die weiß lackierte Zimmertür betrat man den Flur. Erst jetzt stellte ich fest, daß die ganze Wohnung, bis auf Küche und Bad, mit Teppichboden ausgelegt war. Im Flur befand sich unser gemeinsames Telefon. Unsere Gemeinschaftsküche war der größte Raum im Haus. Hier gab es die meisten Einrichtungsgegenstände. Mitten im Raum stand ein großer Tisch mit sechs Stühlen. Über dem Tisch hing eine Deckenzuglampe mit einer hellen Glühbirne. Drei Gasherde und drei Kühlschränke standen an der Wand neben dem Fenster. Daneben die Wasserzapfstelle mit einer Doppelspüle. Die separaten Kochgelegenheiten sollten Streitigkeiten von vornherein unterbinden, so auch die getrennten Kühlschränke, in denen wir für jedes Zimmer die Lebensmittel einzeln unterbringen konnten. Vorräte für die ersten drei Tage hatte man uns besorgt. Brot, Margarine und etwas Wurst für das erste Frühstück fanden wir ebenfalls vor. In den Wandschränken über Herd und Kühlschrank standen Kaffee- und Eßgeschirr sowie Kunststoffschalen. Der große Küchenschrank enthielt Töpfe und Pfannen. In einer der Schubladen lagen die Bestecke. Auf dem Wandregal neben dem Küchenschrank befand sich ein Radio.

Das Badezimmer war gleichfalls für mehrere Parteien eingerichtet. So befanden sich über den beiden Handwaschbecken drei Spiegelschränke. Natürlich gab es eine Badewanne, eine Duschkabine mit Kunststoffvorhang und die Toilette. Im Eingangsbereich der Wohnung befanden sich eine Gästetoilette und der Abstell- bzw. Vorratsraum. Er enthielt die Luxusartikel, über die ich bisher noch nie verfügt hatte: einen Staubsauger, Besen mit Kehrschaufel, Eimer, Schrubber und das Prunkstück: die Waschmaschine. Ab sofort würden meine Hände nicht mehr durch das Wäschewaschen leiden müssen. Am liebsten hätte ich bei diesem Anblick einen Freudenschrei losgelassen, doch ich beließ es bei einem halblauten „ohh". Seife, Schaumbad, Toilettenreiniger und sogar ein Paket Waschpulver komplettierten die Vorräte.

Man hatte schlichtweg an alles gedacht, was wir in den ersten Tagen benötigten. Ich begab mich ins Badezimmer, das gerade frei wurde, und machte mich für den ersten Arbeitstag zurecht. Anschließend ging ich in die Küche, um das Frühstück vorzubereiten und etwas zu essen. Meine Zimmerkollegin, sie hieß Liane, stand bereits an der Kaffeemaschine und beobachtete erstaunt den Filtervorgang.

Wir sprachen uns ab, daß wir wenigstens in der ersten Zeit alles gemeinsam verrichten wollten, so daß wir zusammen lernen konnten, mit den ungewohnten Elektrogeräten umzugehen. Einmal pro Woche stand jeder Mitbewohnerin für einen ganzen Tag die Waschmaschine und der Trockenkeller zur Verfügung. Gemeinsam mit unseren Mitbewohnerinnen nahmen wir unser erstes Frühstück ein. Da wir alle mehr als rechtzeitig aufstanden, um bloß nicht am ersten Tag zu spät zu sein, nutzten wir die Zeit zu einem kleinen Plausch. Nachdem wir den Tisch abgeräumt und die Tassen gespült hatten, warteten wir ungeduldig und gespannt auf unseren Begleiter. Ich schrieb mir noch schnell ein Zettelchen mit Anschrift und Hausnummer und schob ihn verstohlen in die Geldbörse. Sollte mir die Wegbeschreibung entfallen, konnte ich wenigstens nach dem Heimweg fragen.

Es klingelte an der Tür, eine Frau aus der Nachbarschaft stand draußen und stellte sich vor. Zu unserem großen Erstaunen handelte es sich um eine Jugoslawin, die bereits seit über drei Jahren hier lebte und arbeitete. Auf dem ca. zwanzigminütigen Fußmarsch bis zum Werk zeigte sie uns einige markante Punkte, die uns den Heimweg erleichtern sollten. Wir versuchten, uns diese Hinweise zu merken, und standen plötzlich an der Pförtnerloge. Dahinter sahen wir die riesigen Hallen der Schuhfabrik. Beim Anblick der Gebäude stieg Angst in mir auf. Wie sollte ich ohne fremde Hilfe jemals zurückfinden? Unsere Begleiterin ahnte wohl meine Not und erzählte, daß sie am ersten Tag ähnliche Sorgen geplagt hätten. Sie beruhigte mich und beteuerte, daß wir in den ersten Tagen stets mit Begleitung im Werk rechnen könnten.

Beim Pförtner erhielten alle ihre Stempelkarte mit den entsprechenden Verhaltensvorschriften. Mitarbeiter unserer zukünftigen Abteilungen nahmen uns in Empfang und geleiteten uns an die Arbeitsplätze. Vorher zeigte man uns noch schnell die Handhabung der Stempeluhr, die nun zunächst einmal unsere Ankunftszeit festhielt. Bevor wir uns trennten, verabredete ich mich mit Liane nach Feierabend an der Pförtnerloge, um einkaufen zu gehen.

Eine junge Frau wies mir den zukünftigen Arbeitsplatz am Fließband zu. Sie erklärte mir auf Deutsch die Handgriffe, die ich zu verrichten hatte. Ich verstand natürlich kein einziges Wort. Anhand einiger praktischer Vorführungen zeigte sie mir geduldig und verständnisvoll den Arbeitsablauf. Die Schuhe auf dem Band huschten, nach meinem ersten Eindruck, viel zu schnell an uns vorbei. Doch bereits nach kurzer Zeit merkte ich, daß mehrere Frauen, die links und rechts von mir saßen, die gleiche Arbeit verrichteten. Also mußte ich nicht jeden Schuh, der vorbeikam, bearbeiten. Den Klebstoffpinsel in der rechten Hand, nahm ich mit der linken einen Schuh und führte nacheinander die einzelnen Handgriffe aus. Nach Abschluß dieser Tätigkeit blickte ich fragend zu meiner Nachbarin auf. Bestätigendes Nicken signalisierte den korrekten Ablauf, und der Schuh verschwand zwischen anderen auf dem Band. Bis zur Mittagspause kontrollierte die Kollegin weiterhin meine Arbeit. Diese Qualitätskontrolle mußte sein, da es sich um die fortlaufende Produktion handelte und nicht um Musterartikel zum Einarbeiten. Sie saß auch aus einem anderen

Grund weiterhin neben mir. Sollte ich nicht rechtzeitig fertig werden, konnte sie eingreifen, um zu helfen. Abgestellt wurde das Band nur zur Frühstücks- und Mittagspause sowie am Feierabend.

Bereits vor der Mittagspause bedurfte es keiner Hilfestellung mehr, und die Bandgeschwindigkeit kam mir ebenfalls nicht mehr zu schnell vor. In der Mittagspause begleitete mich die Kollegin in die Kantine. Das Schlaraffenland konnte nicht schöner und reichhaltiger sein. Verschiedene Menüs mit Desserts standen zur Auswahl. An der Essensausgabe ließ ich meiner Kollegin den Vortritt, um zu sehen, für welches der Gerichte, deren einzelne Namen mir gänzlich unbekannt waren, sie sich entscheiden würde. Als ich an der Reihe war, zeigte ich der Einfachheit halber auf ihren Teller. Die Wahl war ausgezeichnet. Eine Unterhaltung war auf Grund mangelnder Sprachkenntnisse nicht möglich. Auch mein Schulfranzösisch half mir nicht weiter. Die Kolleginnen an meinem Tisch verstanden nur deutsch. So aß ich schweigend, und bei den Erinnerungen an vergangene Hungertage konnte ich meine Tränen nicht zurückhalten. Endlich saß auch ich an einem reich gedeckten Tisch und durfte mich sattessen. Ich schwor mir, all meine Kraft und Willensstärke einzusetzen, um nie wieder in solch eine erbärmliche Situation abzurutschen. Damit der wahre Grund für meine Tränen unbemerkt blieb, täuschte ich einen Hustenanfall vor. Lächelnd klopfte mir meine Nachbarin kräftig auf den Rükken, und ich bedankte mich kopfnickend.

Ein Hupton signalisierte das Pausenende, und alle verließen eilig den Speiseraum. Der Nachmittag verging schnell, und meine Kollegin arbeitete genau wie alle anderen wieder mit. Nur hin und wieder kontrollierte sie meine abgelieferte Arbeit und nickte zustimmend. Dann wanderte das Werkstück wieder auf das Band. Auch ohne viele Worte verstanden wir uns gut. In keinem Augenblick hatte ich das Gefühl, daß sie ihre Position ausnutzte, auch wenn sie mich auf meine Qualitätsmängel aufmerksam machte.

Nach der Arbeit traf ich mich wie vereinbart mit Liane am Eingang, und gemeinsam erkundeten wir die Innenstadt und ihre Geschäfte. Das Geld brannte förmlich in der Tasche, es wollte ausgegeben werden. Nie zuvor hatte ich eine solche Summe in der

Hand, und jetzt konnte ich sogar frei darüber verfügen. Den Umgang mit größeren Summen mußte ich erst lernen, ebenfalls was es heißt, für den kompletten Monat zu planen, damit am Ende des Geldes nicht zuviel Monat übrig ist. Diese erste schmerzliche Erfahrung ereilte mich bereits am dritten Tag. Aber erst einmal sprengte der erste gemeinsame Stadtbummel alle Erwartungen. Das Gefühl beim Anblick der reichhaltig und vielseitig bestückten Schaufenster und Regale bescherte uns Weihnachten und alle anderen Feiertage zugleich.

Als erstes interessierten mich nur die Spielsachen für meinen kleinen Jungen. Er sollte zuerst von meinem Geldsegen profitieren. Nur mit viel Mühe und Überredungskunst konnte Liane mich davon abhalten, mein ganzes Geld für Spielzeug auszugeben. Sie machte mir mit Nachdruck klar, daß es zwar für mich spräche, zuerst an mein Kind zu denken, doch läge das nächste Zusammentreffen mit ihm in weiter Ferne. Ich mußte einfach erst für mich sorgen und einige Lebensmittel und Kleidung kaufen. Ich gab ihr schweren Herzens recht. Irgendwie fühlte ich mich aber doch als schlechte Mutter, in solch einer Situation, mit reichlich Geld in der Tasche, nichts für Sascha mitzubringen. Sie bemerkte meine Zweifel, da ich weiterhin versonnen auf die Spielsachen starrte, und zog mich weiter.

In einem Supermarkt luden wir einige Lebensmittel in den Einkaufswagen, hauptsächlich Konserven sowie Brot und Eier. Auf dem Laufband an der Kasse teilten wir unsere Waren und zahlten getrennt. Jetzt erwartete uns die nächste Hürde, die es zu nehmen galt. Keine von uns beiden verstand die Zahlen, die uns die Kassiererin sagte, also die Summe, die wir zahlen mußten. Ich hielt ihr meine geöffnete Geldbörse entgegen und hoffte auf ihre Korrektheit. Sie nahm sich einen Schein, reichte mir das Wechselgeld und den Kassenbon. Liane machte es genauso. Verschämt und mit hochrotem Kopf stopften wir die Sachen in Plastiktaschen und verließen das Geschäft. Erst auf der Straße blickten wir uns an und mußten über unsere Unwissenheit schallend lachen. So etwas durfte zukünftig nicht mehr passieren, denn es kratzte gehörig an unserem Selbstbewußtsein. Gemeinsam suchten wir einen Buchladen auf. Liane konnte hier mit ihren geringen Englischkenntnissen aus der Schulzeit glänzen. Der Verkäufer kramte in einer Schublade und legte uns zwei Wörterbücher deutsch-jugoslawisch, jugoslawisch-deutsch auf den Tresen. Wir bezahlten, und beim Verlassen des Ladens meinte Liane zu mir, daß es ihr nun zu warm und sie viel zu müde für einen weiteren Stadtbummel sei. Sie wollte nach Hause gehen und nur noch schlafen. Meine Einkaufstasche mit den Lebensmitteln nahm sie mit und machte sich auf den Heimweg. Die Hitze des Nachmittags störte mich nicht im geringsten, ich genoß ganz einfach das herrliche Gefühl der Freiheit. Eine Freiheit, die mir in meiner Heimatstadt, gebrandmarkt als Bettlerin, gestraft mit verachtenden Blicken, sehr erschwert worden war. Aber hier kannte mich niemand und nahm besondere Notiz von mir. Hier war ich eine unter vielen.

Schnell stellte ich fest, daß ich mich in dieser kleinen Stadt gut orientieren konnte. Bevor auch ich den Heimweg antrat, durchstreifte ich das Kaufhaus. In der Abteilung für Damenbekleidung fand ich einen Rock, der mir auf Anhieb gefiel. Nach der Anprobe entschied ich mich, den oder keinen. Am Ständer nebenan hingen herrlich luftige Blusen. Da ich zu meinem neuen Rock kein passendes Oberteil besaß, probierte ich etliche davon an. Bei einem Blick auf die Preisschilder stellte ich fest, daß die Kleidung in diesem Haus erheblich preiswerter war als in dem Laden, den ich zuvor besichtigt hatte. Aus Angst, es könnten morgen keine Blusen mehr verfügbar sein, kaufte ich gleich zwei Stück. Der Verkäuferin an der Kasse machte ich verständlich, daß sie mir den Preis bitte aufschreiben sollte. Nach etlichen ungeduldigen Gesten ihrerseits begriff sie, was ich wollte. Sie reichte mir den Kassenbon, und ich zahlte stolz die zu entrichtende Summe. Zufrieden und verschwitzt lief ich nach Hause.

Endlich besaß ich wieder einige neue Kleidungsstücke und ich konnte sie sogar ohne fremde Hilfe bezahlen. Ich reichte den Betrag selbst der Verkäuferin und hatte es nicht, wie in der Vergangenheit, der Kassiererin überlassen, ihn abzuzählen. Es war ein unbeschreibliches Gefühl, sich Kleidung kaufen zu können und nicht darüber nachdenken zu müssen, woher das Geld für die nächste Mahlzeit kommt, die eventuell das Überleben bedeutet. Ich genoß es, mir diesen Luxus zu leisten. Ohne mich zu verlaufen, fand ich zurück. Liane schlief bereits.

In der Küche bereitete ich mir das Abendbrot und stellte fest, daß die anderen Frauen noch unterwegs waren. Diese Zeit wollte ich nutzen und ließ mir, während ich aß, das Badewasser ein. Abgespannt, aber glücklich räkelte ich mich in der Wanne. Am liebsten wäre ich im Wasser liegengeblieben, doch als die Eingangstür ins Schloß fiel, beeilte ich mich, das Bad zu verlassen.

Schließlich waren die anderen ebenfalls verschwitzt und wollten sich erfrischen. Leise betrat ich unser Zimmer, legte mich ins Bett und schlief alsbald ein. Dieser erste Tag mit all seinen Ereignissen hinterließ einen bleibenden Eindruck. In den nächsten Tagen gingen wir regelmäßig nach Feierabend in die Stadt. Wie bereits erwähnt, war das Geld nach drei Tagen weg. Für neue Unterwäsche und Schuhe sowie einige Kleinigkeiten zum Schminken reichte es gerade noch. Ein besonders gut riechendes Stück Seife war ebenfalls dabei. Bis Freitag durften wir bargeldlos die Auslagen der Geschäfte genießen, dann war zum Glück die wöchentliche Abschlagszahlung fällig, denn auch Liane war blank. Dank unserer Konserven brauchten wir aber abends nicht auf eine Mahlzeit zu verzichten.

An eine Abendmahlzeit erinnere ich mich sehr genau. Es gab Gulasch und Salzkartoffeln mit frischem Salat. Liane hatte Kartoffeln geschält und setzte den Topf auf den Herd. Ich quälte mich, mit einem einfachen Dosenöffner die riesige Dose mit dem Fleisch zu öffnen, was mir nach etlichen vergeblichen Versuchen gelang. Genervt löffelte ich einen Teil des Inhalts in einen Topf. Den Rest mußte ich in einen Kunststoffbehälter umfüllen, da die Dose zu groß war und nicht in den Kühlschrank paßte. Der Salat war schnell zubereitet, und wir genossen unsere reichhaltige Mahlzeit. Es schmeckte uns beiden vorzüglich. Nach dem Essen wurde gespült, und die benutzten Teile verschwanden wieder im Schrank. Die Gulaschdose landete im Mülleimer. Beim Einwerfen in den Müllbehälter sah ich noch kurz auf das Etikett, die bunte Abbildung herrlicher Fleischbrocken stach mir ins Auge, und auch der Hundekopf im Bild erweckte keinerlei Argwohn in mir. Einige Tage danach traf ich zufällig unsere Nachbarin, die uns am ersten Arbeitstag zur Firma begleitet hatte. Wir unterhielten uns über vieles. So nebenbei sagte ich ihr, daß die Fleischkonserven zwar recht billig seien, ich die Dosen aber recht groß fände. Sie stutzte und wollte Näheres wissen. Meine Beschreibungen reichten ihr nicht, und sie kam mit zu uns herüber, um sich die Dose anzusehen, denn war hatten noch zwei Stück davon in Reserve. Beim Anblick der Verpackung brach sie in schallendes Gelächter aus. Es dauerte einen Augenblick, bis sie sich beruhigte. Ungeduldig erwartete ich die Erklärung, denn ich konnte mir gar nicht vorstellen, was daran so witzig war. Unser vermeintlich leckeres Gulasch war schlichtweg Hundefutter gewesen. An diesem Tag fiel das Abendbrot aus, uns war nachträglich derartig schlecht, daß wir keinen Bissen herunterbekamen, nicht mal eine Scheibe Brot. Von diesem Augenblick an mieden wir alle Fleischkonserven. Rühr- oder Spiegeleier standen jetzt häufiger auf dem Speiseplan. Dabei konnten wir ja kaum etwas falsch machen. Dieser Vorfall war mir derartig peinlich, daß ich jahrelang niemandem davon erzählte.

Die erste Woche verging sehr schnell, und ich freute mich schon auf die nächste Lohnabschlagszahlung. Unsere Dolmetscherin trafen wir noch einige Male. Sie fragte uns nach eventuellen Schwierigkeiten, doch eigentlich hatten wir keine. Auf meine Frage, wieviel Geld wir denn im Monat verdienten, antwortete sie, daß es 250 Mark seien. Das war der Betrag, den wir netto ausbezahlt bekamen. Essen und Miete mit Nebenkosten waren bereits davon abgezogen. Die 150 Mark Handgeld, die wir am ersten Abend erhalten hatten, seien ebenfalls nur ein Vorschuß, der uns in den nächsten drei Monaten vom Lohn abgezogen würde. Zufrieden gingen wir am Freitag mit einer weiteren Abschlagszahlung von 50 Mark ins Wochenende.

Von Arbeitskolleginnen aus unserer Heimat erfuhren wir, daß in der Gaststätte „Drei Könige“ ganz in unserer Nähe am Samstag Tanz sei. In diesem Lokal verkehrten fast ausschließlich jugoslawische Landsleute, und somit könnten wir nach heimatlichen Klängen das Tanzbein schwingen. Ich sagte Liane sofort, daß ich an diesem Abend nicht mitkommen könne, denn mir fehlte ein festliches Kleid für diesen Anlaß. Lockere Kleidung wie Rock und Bluse oder Jeans und Oberhemd war verpönt, und für ein solches Kleid reichte mein Geld noch nicht.

Samstagvormittag gingen Liane und ich noch in die Stadt, um einige Lebensmittel zu besorgen. Ziemlich bepackt kehrten wir kurz vor Mittag heim. Ab sofort achteten wir peinlich genau darauf, nur noch Dinge zu kaufen, die wirklich nötig waren. Unseren Fehler, das vorhandene Geld ohne Überlegung kurzfristig auszugeben, wollten wir keinesfalls wiederholen. Nach dem Essen setzten wir uns gemeinsam hinters Haus. Es war einfach herrlich, nur so dazusitzen, ein Schwätzchen zu halten und sich die Sonne auf den Pelz scheinen zu lassen. Die Arbeit im Haushalt war getan, der Tag gehörte uns. Erst am späten Nachmittag gingen wir zurück in unsere Wohnung. Liane wollte sich für den Abend schick machen. Zum Glück war meine Haut nicht sehr empfindlich, aber Liane hatte bereits die leichte Rötung eines Sonnenbrandes im Gesicht. Mit etwas Make up konnte sie das Leuchten aber etwas unterdrükken. Nacheinander duschten wir uns und verbrachten dann gemeinsam viel Zeit vor dem Spiegel, um ihre Haare und den Teint ins rechte Licht zu rücken. Schließlich wollte sie sich nicht als häßliches Entlein in einer Ecke verkriechen müssen.

Gespannt auf die Dinge, die sie erwarteten, ging sie los und fragte mich, ob ich nicht doch noch mitkommen wolle, was ich jedoch verneinte. Ich wünschte ihr viel Spaß. Sehnsüchtig blickte ich ihr hinterher, bis sie hinter einer Hausecke verschwand. Unsere Mitbewohnerinnen gingen kurze Zeit später ebenfalls zum Tanz in dieses Lokal. Völlig allein in dieser großen Wohnung, setzte ich mich in die Küche, schaltete das Radio ein und tanzte in Gedanken mit. Auch mein Abend verging recht schnell, denn ich hatte mich entschlossen, einige Briefe an Tante Vera, Zora, Sascha und Papa zu schreiben, um ihnen meine ersten Eindrücke von hier zu schildern. Beim letzten Brief fielen mir fast die Augen zu. Ich verfaßte ihn zu Ende und ging schlafen.

Am nächsten Morgen überschüttete mich Liane förmlich mit ihren Erzählungen. Die gestrigen Eindrücke und Begebenheiten mußte sie mir haarklein erzählen. Zum Schluß erwähnte sie noch, daß zwei der jungen Männer am Mittag mit uns nach Stuttgart fahren wollten, um uns die Stadt zu zeigen. Ich sollte unbedingt mitfahren. Ich wehrte ab und wollte lieber zu Hause bleiben, weil ich die Männer ja nicht kannte. Damit aber gab sie sich nicht zufrieden und bohrte weiter, bis ich meine Einwilligung letztlich doch noch gab. Es klingelte an der Tür, und die Herren standen draußen. Sie durften aber nicht in die Wohnung kommen. Ein Schild an der Innenseite der Haustür verbot klar und deutlich jeglichen Männerbesuch. Liane stellte mir ihren Tanzpartner vor. Er hieß Rade, war ca. 1,75 Meter groß, schlank, schwarzhaarig und sah verdammt gut aus. Kurz gesagt, er gefiel mir auf den ersten Blick. Nun wollte ich mehr erfahren und stieg mit in seinen Wagen. Jeder der beiden Männer war mit seinem Fahrzeug gekommen. So hatten wir sechs Frauen alle Platz für die Spritztour nach Stuttgart.

Hatte ich zuvor häufig bewundernd hinter den großen Karossen mit dem Stern hergeschaut, so hatte ich nun das Glück, endlich einmal selbst darin mitzufahren. Stolz wie Oskar blickte ich aus dem Fenster, als wir mit hoher Geschwindigkeit über die Autobahn brausten.

Eine Schnellstraße wie diese war mir vorher noch nie zu Gesicht gekommen. Als wir in die Innenstadt fuhren, blieb mir der Mund fast offen stehen, so überwältigt war ich vom Anblick der Hochhäuser. Ich kannte Belgrad als Großstadt, doch im Verhältnis zu Stuttgart erschien sie mir wie eine biedere Kleinstadt. Die Autos verschwanden in einem Parkhaus, und wir setzten unsere Erkundung zu Fuß fort.

In der Altstadt fanden wir ein gemütliches Straßencafé, und unsere Begleiter luden uns zum Eis ein. Während der Unterhaltung im Café stellte sich heraus, daß Rade genau wie wir zuerst in Kornwestheim war. Er lebte bereits vier Jahre in Deutschland und war vor längerer Zeit bereits nach Ravensburg umgezogen. Er besaß gute Deutschkenntnisse und benahm sich allgemein wie ein Gentlemen. Die Art wie er mit mir sprach und mich dabei ansah, signalisierte mir, daß er großes Interesse an mir hatte. Auf der Heimfahrt sprach er offen aus, daß er mit mir am nächsten Wochenende gerne zum Tanz gehen wolle. Ich überspielte diese Frage, indem ich das Thema wechselte. Mir war es nicht recht, dieses Thema im Beisein von Liane weiter zu vertiefen, denn schließlich war er ihr Tanzpartner gewesen, und Liane hatte mir bereits erzählt, wie gerne sie ihn näher kennenlernen wollte. Hier wollte ich keinesfalls eingreifen oder mich dazwischendrängen.

In Sachen Männerbekanntschaften war ich mehr als vorsichtig, denn die Vergangenheit hat mich vieles gelehrt. Zu Hause angekommen, verabschiedete er sich mit den Worten: „Bis zum nächsten Samstag." Er gab uns nacheinander die Hand. Da ich als letzte den Wagen verließ, flüsterte er mir noch beim Aussteigen zu: „Wir sehen uns am kommenden Freitag", und grinste. Ohne zu wissen, was er eigentlich meinte, ging ich ebenfalls ins Haus und schloß die Eingangstür. Ich hörte, wie er den Wagen startete und wegfuhr.

Eigentlich war es noch zu früh, um ins Bett zu gehen, doch wir begaben uns nacheinander ins Bad, um uns für die Bettruhe vorzubereiten. Anschließend unterhielten wir uns noch, auf der Bettkante sitzend, über den vergangenen Tag.

Mehr oder weniger schwärmte Liane die ganze Zeit von Rade, den sie gern näher kennenlernen wollte. Ich unterstützte ihr Vorhaben, indem ich gute Ratschläge erteilte und ihr Mut zusprach. Was ich während unserer Unterhaltung nicht wußte, war die Tatsache, daß Rade genau andersherum dachte. Er wollte unbedingt mich kennenlernen. Wir legten uns schlafen, da der nächste Morgen ein Arbeitstag war und wir unbedingt fit und ausgeschlafen sein wollten.

Am kommenden Freitag stand Rade vor dem Werkstor, als wir Feierabend hatten. Wir trauten unseren Augen kaum, als wir ihn erkannten. Er stand auf der Beifahrerseite des Autos. Liane stürmte gleich los und begrüßte ihn überschwenglich, als hätte sie sein Kommen erwartet. Sie streckte ihm die Hand entgegen und strahlte hocherfreut über sein Kommen. Er nahm sie und grüßte reserviert zurück. Ich hatte keinerlei Eile und schlenderte auf die beiden zu. Lächelnd begrüßte er mich und bat mich, zum größten Entsetzen von Liane, zu sich ins Auto zu steigen. Ich schaute ihr fragend ins Gesicht und stieg schulterzuckend ein. Mir fiel nicht ein einziger Grund ein, warum er nur mich abholen wollte. Mit einem kurzen „Tschüss“ setzte er sich hinters Steuer und brauste los.

Völlig verdattert fragte ich nach dem Grund dieser Handlungsweise. Während er das Fahrzeug in Richtung Innenstadt lenkte, verriet er mir seine Absicht. Er sagte, daß er seit Sonntag sehr oft an mich hatte denken müssen und am morgigen Abend unbedingt mit mir zum Tanz gehen wollte. Ich durchschaute den Hintergrund nicht und fragte ihn verdutzt, warum er mich dann schon heute von der Arbeit abholte. Erst jetzt rückte er damit heraus, daß Liane am letzten Samstag erzählt hatte, warum ich nicht mit zum Tanzen gekommen war. Da er aber unbedingt wollte, daß ich dieses Wochenende mitkäme, würden wir jetzt gleich für mich ein neues Kleid kaufen. Obendrein bestand er noch darauf, es auch zu bezahlen.

So etwas war mir noch nie zuvor passiert. Mir wollte jemand etwas schenken, nur um mich näher kennenlernen zu können, so behauptete er jedenfalls. Proteste nützten nichts. Er parkte das Auto und schleifte mich mit zartem Druck ins Bekleidunghaus. Eine große Anzahl an Abendkleidern stand zur Auswahl. Da ich zu dieser Zeit gerade einmal 48 Kilo auf die Waage brachte, trug ich Konfektionsgröße 36. Mein Augenmerk galt sofort einem zart orangefarbenen Seidenkleid. Doch mir fehlte der Mut, es ihm auf Anhieb mitzuteilen. Erst nachdem ich es noch zwei weitere Male genau angesehen hatte, sagte ich kleinlaut, daß mir das am besten gefiele, und brachte auch gleich den Einwand, daß es sicher viel zu teuer sei. Mich plagten gewaltige Gewissensbisse. Was fiel mir eigentlich ein, von einem wildfremden Mann solch ein Geschenk annehmen zu wollen. Als ob er an meinem Gesichtsausdruck ablesen konnte, welche Zweifel mir kamen, sagte er ganz leise und beruhigend: „Mach dir keine Gedanken über den Preis, die Freude mache ich dir gerne. Ich verdiene genug, um es mir leisten zu können.“ Er ging zur Kasse und beglich den Kaufpreis.

Ich strahlte, als wir den Laden verließen, das Traumkleid in einer Tasche unter meinem Arm. Ein schlechtes Gewissen hatte ich trotzdem. Durfte ich dieses Geschenk überhaupt annehmen? Ich fand diesen Mann zwar recht interessant, doch Gefühle waren in mir noch nicht erwacht. Eine Verpflichtung würde ich keinesfalls eingehen. Schließlich hatte ich mich in meiner größten Not nicht verkauft, und das würde mir jetzt erst recht nicht passieren. Um meine Verlegenheit zu überspielen, bat ich ihn, mit in ein Schuhgeschäft zu kommen, um passende Sandalen auszusuchen. Die Auswahl der Schuhe, die zum Kleid paßten, war gering. Schnell trafen wir die Wahl, nur diesmal zahlte ich selbst.

Nachdem die Einkäufe getätigt waren, bat er mich, mit ihm essen zu gehen, ich willigte spontan ein. Während des Essens fragte er einige persönliche Dinge. Bereitwillig erzählte ich, daß meine prekäre Lage in der Heimat mich dazu veranlaßt hatte, nach Deutschland zu kommen. Der Hauptgrund sei jedoch mein Sohn. Mit dem hier verdienten und gesparten Geld wollte ich ihn mir zurückholen. Interessiert verfolgte er meine Erzählungen, ohne sie zu unterbrechen. Es waren nur grobe Umrisse meines bisherigen Schattendaseins. Somit dauerten meine Ausführungen nicht allzu lange.

Auch ich bat ihn, mir etwas über sich zu erzählen. Als ob er ahnte, worauf ich besonderen Wert legte, setzte er mich davon in Kenntnis, daß auch er geschieden sei und seine kleine, drei Jahre alte Tochter in Jugoslawien bei den Großeltern lebte. Die weiteren Schilderungen, wie es zur Scheidung zwischen ihm und seiner Frau gekommen war, die Art, wie er es erzählte ließen mich spüren, daß er mir größeres Interesse entgegenbrachte, als ich zunächst vermutet hatte. Mit solcher Genauigkeit erzählt man einer flüchtigen Bekanntschaft keine persönlichen Erlebnisse. Daß er zweimal jährlich in die Heimat fuhr, ließ mich besonders aufhorchen, zumal seine Heimatstadt Belgrad war. Dieses lange und offene Gespräch in der Gaststätte erweckte jetzt doch den Wunsch in mir, diesen Mann etwas näher kennenzulernen. Auch der Wunsch, vielleicht einmal mit ihm nach Belgrad zu fahren, um mein Kind zu sehen, war, offen gesagt, auch einer der Gründe. Da er Liane keinerlei Versprechungen gemacht hatte, war es mir egal, was sie dazu sagte, wenn ich morgen mit ihm tanzen ginge.

Bevor er mich nach Hause brachte, sagte ich ihm klar und deutlich meine Meinung zum Thema Beziehung. „Falls du beabsichtigst, mich schnell in dein Bett zu bekommen, wird dein erster auch dein letzter Versuch sein. Es gehören viele Stunden und Tage des Kennenlernens dazu, diesen gemeinsamen Schritt zu gehen." Er nickte nur, und mit den Worten: „Wir sehen uns morgen", verabschiedete er sich von mir und fuhr weg.

Beeindruckt von meinem eigenen Mut, solch klare Worte gesprochen zu haben, stand ich noch einen Moment vor der Eingangstür. Selbst wenn er mich morgen abend deshalb nicht abholen sollte, ich war nicht traurig, sie ausgesprochen zu haben. Jetzt erst betrat ich das Haus und ging gleich in unser Zimmer. Ich war bereit, einige klärende Worte mit Liane zu sprechen, doch sie würdigte mich keines Blickes. Kurz gesagt, sie war stinksauer auf mich. Ich verstand gar nicht, warum, denn ich hatte diese Situation nicht heraufbeschworen. Später, als sie sich wieder beruhigt hatte, gestand sie mir freimütig, wie sehr sie es bereute, mich ihm vorgestellt zu haben, da sie selbst Ambitionen hegte, mit ihm anzubändeln. An diesem Abend jedoch schwiegen wir uns an.

Der nächste Tag verlief bis zum späten Nachmittag ähnlich wie der Samstag zuvor. Einkaufen und Putzen, Wäschewaschen und Trocknen standen auf dem Programm. Doch mit einem kleinen Unterschied, denn die Besorgungen in der Stadt verrichtete ich allein. Liane hüllte sich weiterhin in Schweigen. Einige Versuche meinerseits, die Situation zu bereinigen, quittierte sie mit verächtlichen Blicken, jedoch ihre Lippen blieben weiterhin verschlossen. Kurz vor 18 Uhr begab ich mich ins Bad, um rechtzeitig abholbereit zu sein. Meine Mitbewohnerinnen hegten den gleichen Wunsch wie ich, und somit brach nach 18 Uhr ein regelrechtes Gedränge vor den Spiegeln aus. Nach dem Schminken streifte ich mein neues Kleid über und zog die Schuhe an.

Es war ein unbeschreibliches Gefühl, in dieser edlen Robe durch den Raum zu schreiten. Immer wieder lief ich im Zimmer auf und ab, um zu üben, mich in einem engen langen Kleid zu bewegen. Ich fühlte mich wie eine Prinzessin, deren Prinz sie bald auf sein Schloß abholt. Im ersten Augenblick war es recht schwierig, die Schrittgröße der Enge des langen Unterteils anzupassen, doch meine intensiven Bemühungen zeigten recht bald Erfolg. Aus dem anfänglichen Staksen entstand ein würdevolles Schreiten. Mitten in den Laufübungen betrat Liane den Raum. Sie riß die Augen auf vor Erstaunen. In ihrem Blick bemerkte ich Neid und Anerkennung, denn ich vernahm lediglich ein „ohh", als einzige Bemerkung. Die Nerven waren aufs Äußerste gespannt, je näher der verabredete Zeitpunkt kam, an dem er mich abholen sollte. ‚Wenn er mich nicht abholt wegen meiner klaren Worte von gestern abend, habe ich eh nichts verpaßt, denn dann war er nur auf ein schnelles Abenteuer aus', dachte ich noch und hörte den Motor seines Wagens vor dem Haus.

Noch bevor er die Türglocken in Gang setzte, öffnete ich mit dem Herzklopfen einer Schülerin vor dem ersten Rendezvous die Eingangstür. Er strahlte mich an und sagte: „Du siehst toll aus", dabei nahm er meine Hand und drückte sie zärtlich. Sein Outfit stand dem meinen in nichts nach. Er trug einen dunkelblauen Nadelstreifenanzug, darunter ein weißes Hemd mit einer dezenten Krawatte. Die schwarzen Lacklederschuhe machten die stattliche Erscheinung perfekt. Er geleitete mich zum Wagen, öffnete die Beifahrertür und ließ mich, auf seinen Arm gestützt, einsteigen. Diesmal fuhren wir allein, meine Mitbewohnerinnen mußten zum Tanzlokal laufen.

Als wir eintrafen, waren bereits die meisten Tische besetzt, und wir nahmen die Plätze ein, die sein Freund für uns reservierte. Es entwickelte sich eine angeregte Unterhaltung bis zu dem Augenblick, als die Kapelle den Tanzabend mit meinem Lieblingslied „Petit Fleur" eröffnete. Gemeinsam, so als ob es vorher vereinbart worden war, erhoben wir uns von den Plätzen, und er geleitete mich stolz zur Tanzfläche, die wir als erstes Paar erreichten. Mit sicheren Schritten schwebten wir über das Parkett, und ich schmiegte mich fest an ihn. Zum ersten Mal seit langer Zeit fühlte ich mich rundum glücklich und sorglos. Oh, wie sehr genoß ich diesen Abend. Er verlief, wie ich es erhofft hatte, sehr stimmungsvoll. Einen Tanz widmete er auch Liane, um ihr klarzumachen, daß er bedauerlicherweise keine persönlichen Gefühle ihr gegenüber hegte, sie aber als Tanzpartnerin sehr schätze. Als ich sichtlich müde und zufrieden weit nach Mitternacht vor dem Haus aus seinem Auto stieg, begleitete er mich bis zur Haustür. Es imponierte mir, daß er keinerlei Annäherungsversuche unternahm. Ein kleines Abschiedsküßchen auf die Wange war die einzige zärtliche Geste. Er lud mich noch für den folgenden Tag zum Mittagessen nach Ludwigsburg ein, stieg winkend in den Wagen und brauste dann los. Auch ich winkte zum Abschied und begab mich ins Haus. Da ich die erste war, die heimkehrte, konnte ich noch ungestört ein Bad nehmen.

Der Sonntag verlief ohne nennenswerte Ereignisse. Aber Gott sei Dank sprach Liane am nächsten Tag wieder mit mir. Ihr gemeinsamer Tanz mit Rade hatte die Situation bereinigt. Er hatte ihr erklärt, daß ich keinerlei Schuld an dieser Entwicklung trüge. Auch die nächsten Wochenenden, an denen er mich regelmäßig zum Tanz und zum Essen ausführte, verliefen normal. In den Augen der anderen waren wir bereits ein Paar, doch niemand wußte, daß trotz unserer gemeinsamen Auftritte in der Öffentlichkeit sonst zwischen uns nichts geschah.

Etwa acht Wochen später lud er mich zu sich nach Ravensburg ein, und ich stimmte dem ohne weitere Einwände zu. Bereits am Freitag nach Feierabend stand er vor dem Werkstor und holte mich ab. Wir holten nur kurz meine Reisetasche von zu Hause und fuhren los. Auf der Fahrt sagte er mir, daß er nur in einem großen Zimmer lebte, und ich war mir bewußt, was diese Erklärung bedeutete. Bereitwillig stellte ich mich auf unser erstes Zusammensein ein. Schließlich war ich kein Mensch, der ständig allein leben wollte. Eine Familie mit ein oder zwei Kindern war mein ganzes Bestreben, und ich hoffte, in ihm diesen Partner gefunden zu haben. Es war schön, endlich einmal einen Mann an meiner Seite zu spüren, der mir seine ganze Aufmerksamkeit entgegenbrachte.

Wir verbrachten eine stürmische, aber auch sehr zärtliche Nacht zusammen. Ich bereute es nicht, da ich den Zeitpunkt dazu selbst hatte bestimmen können. Am nächsten Morgen erwachte ich in seinen Armen, als die Sonne bereits durchs Fenster schien. Nach dem gemeinsamen Frühstück fuhren wir nach Friedrichshafen an den Bodensee. Seine Nähe und die Eindrücke, die ich an diesem Wochenende sammelte, versetzten mich in ein unbeschreibliches Glücksgefühl. Es blieb nicht bei diesem einen Wochenende, und allmählich schmiedeten wir gemeinsame Pläne. Er erklärte mir, daß ich, wenn ich wollte, auch zu ihm nach Ravensburg ziehen könne und er dafür sorgen würde, daß ich dort Arbeit fände. Meinen Einwand, daß ich vertraglich für ein Jahr an Salamander gebunden sei, ließ er nicht gelten. In einem Gespräch mit der Personalabteilung klärte er die Bedingungen für eine vorzeitige Vertragsauflösung. Wenn ich die angefallenen Kosten und Auslagen der Firma bezahlte, könnte ich gehen, ohne weitere Verpflichtungen. Er erklärte sich bereit, diese Kosten zu übernehmen.

Eine Bedingung für meine Umsiedlung mußte er noch erfüllen. Sobald wir für mich eine neue Arbeitsstelle vor Ort gefunden hätten, würde ich umziehen. Innerhalb kürzester Zeit konnte ich mich bei meinem neuen Arbeitgeber vorstellen. In Weingarten bei Ravensburg arbeitete Rade in einer Maschinenfabrik, und ganz in der Nähe befand sich die Kleiderfabrik, in der ich anfangen konnte.

Der Arbeitgeber war hocherfreut, als er erfuhr, daß ich in dieser Branche bereits tätig gewesen war und gewisse Grundkenntnisse mitbrachte. Mein Monatslohn betrug fast das Doppelte von dem, was ich bei Salamander bekommen hatte. Rade schrieb meine Kündigung, fügte den vereinbarten Betrag in Form eines Verrechnungsschecks bei, und am nächsten Arbeitstag gab ich den Brief in der Verwaltung ab. Zwei Wochen später zog ich mit meiner Habe nach Ravensburg.

Es war Spätherbst, und zum ersten Mal seit langer Zeit hatte ich keine Angst mehr vor dem Winter. Seit dem Tag meines Umzugs bemühten wir uns um eine gemeinsame Wohnung. Rades Zimmer konnte für zwei Personen letztlich nur eine Übergangslösung sein. Noch bevor der Winter einsetzte, fanden wir einen Vermieter, der uns, als unverheiratetem Paar, eine kleine Wohnung zur Verfügung stellen wollte. Überall, wo wir vorher anfragten oder Räumlichkeiten besichtigten, wollte man nur an Ehepaare vermieten. Auch die Tatsache, daß wir Ausländer waren, erleichterte die Sache nicht gerade. Da wir uns weiterhin blendend verstanden und wir zu der Überzeugung gelangten, daß wir uns lieben, entschlossen wir uns, im nächsten Sommer zu heiraten. Die Eheschließung sollte im Urlaub in Belgrad stattfinden. Unter dieser Voraussetzung durften wir in einem Altbau zwei möblierte Zimmer mit Küche beziehen. Bad und Toilette befanden sich im Flur, was uns weiter nicht störte, waren wir doch froh, überhaupt etwas zu finden.

Schnell fühlten wir uns heimisch, da uns erheblich mehr Platz als zuvor zur Verfügung stand. Für eine wohlige Wärme in den Räumen sorgte ein großer Kachelofen. Wir arbeiteten beide weiterhin, und ich konnte fast 50 Prozent von meinem Verdienst sparen. Rade kleidete mich komplett neu ein. Sogar über die normale Kleidung hinaus bekam ich für den Winter einen schicken Pelzmantel und warme, mit Lammfell gefütterte Stiefel. Als er mir damals das Abendkleid schenkte, fühlte ich mich wie eine Prinzessin, mit der jetzigen Garderobe fühlte ich mich als Königin. Aus der Bettlerin in abgewetzten Klamotten wurde binnen eines knappen Jahres ein feine Dame.

Inzwischen hatte ich auch gelernt, mich in dieser Kleidung zu bewegen. Wie einfach ist es doch, sich in ein schönes und, nach meiner Ansicht, luxuriöses Leben zu fügen. Nur an einigen besonders schlechten Tagen, wenn das Wetter trist und grau war oder wenn ich allein zu Hause war, kamen die Erinnerungen hoch. Zu tief saßen die Dornen des Hungerns und Frierens, zu tief die Schmach, als Asoziale am Rande der Gesellschaft gelebt zu haben. Um so mehr schätzte ich nun meinen weitestgehend selbsterworbenen Wohlstand. Ich kaufte, wenn sich die Möglichkeit ergab, einige Sachen und Geschenke im Hinblick auf unseren Urlaub. Kleidung, Spielsachen für Sascha, Nützliches und Unnützes für Papa, Tante Vera und Onkel Sascha und für meine besten Freunde Zora, Kosta und die Kinder. Bargeld wollte ich mitnehmen für einen guten Rechtsanwalt, der mir die Rückgabe meines geliebten Jungen erkämpfen sollte.

Im Frühjahr meldeten wir mich für den Erwerb des Führerscheins an. Meine Deutschkenntnisse verbesserten sich nur allmählich, zu wenig wurde ich darin gefordert. Unser gesamter Bekanntenkreis bestand aus Landsleuten, und somit sprachen wir nur jugoslawisch. Für die Verständigung beim Einkaufen und im Beruf reichten die wenigen Worte, die ich kannte.

Während des praktischen Teils zur Fahrerlaubnis zeigte mir der Fahrlehrer in kurzen Gesten die auszuführenden Richtungsänderungen oder andere Manöver wie Einparken usw. Die Theorie erlernten wir auf Fragebögen in unserer Landessprache. Nach etwa zwanzig Fahrstunden schmiß ich zum ersten Mal die Fahrprüfung.

Ausgerechnet in die Straße, in der wir wohnten, eine Einbahnstraße, wollte ich von der verkehrten Seite einfahren. Weitere fünf Fahrstunden brachten mir die nötige Reife, und ich erhielt den Schein. Bis zum Sommer erwarb ich reichlich Fahrpraxis, und wir rüsteten uns für den ersten gemeinsamen Urlaub in der Heimat.

Voll gepackt bis unters Dach und mit zusätzlichem Dachgepäckträger machten wir uns auf den Weg. Die Fahrt durch Deutschland verlief recht gut, da wir ausschließlich die Autobahnen nutzten. In Österreich bekam ich reichlich Schwierigkeiten, da auf den kurvenreichen, meist bergigen Straßen mein Magen verrückt spielte und mir einige Male übel wurde. Jeder Kilometer, der uns der jugoslawischen Grenze näherbrachte, ließ mein Herz vor Erregung höher schlagen. Ich dachte viel über die Vergangenheit nach und an das, was mich erwartete.

Am Grenzübergang von Österreich nach Jugoslawien erwartete uns eine böse Überraschung. Die jugoslawischen Zöllner behandelten uns, die Gastarbeiter aus Deutschland, wie Verbrecher. Ein Offizier befahl uns, den Wagen zur Seite zu fahren und alles auszuräumen. Wir sahen es als reine Schikane an, sogar den Dachgepäckträger abbauen zu müssen. Die Rücksitzbank mußte Rade ausbauen, und das Reserverad wurde auf Schmuggelware hin untersucht. Nachdem man auch sämtliche Koffer und Taschen durchwühlt hatte, gab man uns die Pässe zurück, und wir durften alles wieder einräumen. Als alles wieder einigermaßen sicher verstaut war, setzten wir völlig entnervt unsere Fahrt fort. Rade sagte nur: „Jetzt fahre ich schon vier Jahre regelmäßig nach Hause, aber so etwas habe ich bisher noch nie erlebt.“ Mit einer Stinkwut im Bauch auf die Zöllner, trat er kräftig aufs Gas.

Ohne zu übernachten, fuhren wir bis kurz vor Belgrad.

In einem kleinen Ort lebte seine Tochter Sarah bei der Großmutter. Sie besuchten wir zuerst und nahmen sie mit nach Belgrad, zu einem seiner dort lebenden Brüder. Nach zwei Übernachtungen ließen wir seine Tochter bei dem Bruder und seiner Familie und fuhren weiter in meine Heimatstadt. Zuerst mußte ich Sascha sehen, zu lange hatte ich auf dieses Zusammentreffen gewartet. Als er aus dem Haus auf mich zukam, brachte ich vor Aufregung kaum ein Wort heraus. Meine Kehle war vor Rührung, den kleinen Rakker in den Arm nehmen zu können, wie zugeschnürt. Einige Freudentränen kullerten mir über die Wangen. Selbst Oma, die ihn begleitete, konnte nur mit Mühe einige Tränen unterdrücken. Die Emotionen kochten in mir hoch, als ich bemerkte, wie sehr er sich mir gegenüber innerhalb des vergangenen Jahres verändert hatte. Er war nicht nur um einige Zentimeter gewachsen, sondern hielt mich, so erschien es mir, für eine Tante, die mal eben einige Geschenke vorbeibringt. In ähnliche Bahnen wurde mein Besuch auch gelenkt, denn nach ca. einer Stunde mußte ich ihn wieder hergeben. Auch für den nächsten Tag bekam ich keine Erlaubnis mehr, ihn zu sehen.

Nicht einmal aufgrund der großen Entfernung, die uns trennte, nahm man Rücksicht auf meine Gefühle zu ihm. Tieftraurig fuhren wir weiter zu Papa, der sich riesig freute, mich zu sehen und seinen zukünftigen Schwiegersohn kennenzulernen. Die Wiedersehensfeier war entsprechend lange, und der Alkohol floß reichlich. Papa und Rade tranken heftig, ich aber blieb bei Kaffee. Aus Enttäuschung über die erneute Niederlage, daß man mir mein Kind entzog, hätte ich aber am liebsten mitgetrunken.

Am nächsten Vormittag ließ ich die Männer ihren Rausch ausschlafen und fuhr zu Kosta und Zora. Leider waren sie im Urlaub, und ich mußte unverrichteter Dinge wieder abziehen. Papa drängte uns, noch einige Tage zu bleiben, doch am Nachmittag fuhren wir wieder zurück nach Belgrad.

Er verstand meine Gründe und akzeptierte sie auch, denn ich wollte und konnte keinen Tag länger in dieser verhaßten Umgebung bleiben. Ich fühlte mich unwohl, denn die schlechten Erinnerungen kehrten beim Durchfahren der nur zu gut bekannten Straßen zurück.

Rades Verwandtschaft war ziemlich groß. Eine Schwester, drei Brüder und etliche Anverwandte wie Cousinen, Vettern, Onkel und Tanten. Sie alle wollten uns sehen. Seine Eltern waren leider bereits vor einigen Jahren verstorben. So anstrengend hatte ich mir den Urlaub nicht vorgestellt. Überall trank man reichlich Schnaps und Bier oder Wein. Fast jeder Besuch endete für Rade im Rausch, und somit erwarb ich reichlich Fahrpraxis. Seine Tochter Sarah war immer dabei. Ihr machte es Spaß, soviel herumzufahren.

Zurück in Belgrad, wollte ich als erstes einen Rechtsanwalt aufsuchen, um zu klären, wie ich Sascha zurückbekommen könnte. Als ich Rades Bruder erklärte, um was es geht, brachte er uns zu einem seiner Freunde, der eine angesehene Kanzlei führte. Hier war ich sicher, daß der Mann sich um mein Problem kümmerte und nicht nur meine Deutsche Mark wollte.

Der Rat, den er mir gab, war kostenlos und niederschmetternd. Er würde mich gern in einem Prozeß vertreten, doch Recht bekäme ich keines. Da ich im Ausland lebte, zweifelte man von vornherein eine optimale Versorgung meines Kindes an, zumal es sich um einen Jungen handelte. Potentielle Soldaten müssen im Land bleiben, bei einer Tochter hätten vielleicht Wege und Möglichkeiten gefunden werden können.

Wenn Sascha zehn oder elf Jahre alt wäre, dann könnte ich es noch mal versuchen, da er dann selbst gehört werden würde und mitbestimmen dürfte, bei welchem Elternteil er leben möchte. Diese klare und ehrliche Einschätzung meiner Chancen versetzte mir abermals einen kräftigen Tiefschlag. All meine Wünsche und Hoffnungen wurden jäh zerstört, eine Änderung der Verhältnisse brauchte ich in den nächsten Jahren nicht zu erwarten. Mit dieser Trauer im Herzen machten wir uns auf den Weg, Tante Vera und Onkel Sascha zu besuchen. Sie freuten sich unglaublich über unser Kommen, und etliche Tränen flossen. Bei mir waren auch Tränen der Verzweiflung darunter. Wir blieben nur einen Tag. Alle Neuigkeiten der letzten Monate wußten sie uns zu berichten, so auch, daß Mutter mit ihrem neuen Mann vor einigen Wochen in Belgrad Urlaub gemacht hatte. Sie lebte in Paris, und Tante Vera sollte mir ihre Adresse geben. Ich nahm diesen Zettel mit der Anschrift, doch hegte ich keinerlei Interesse, sie jemals zu besuchen.

Die weggeworfenen Jahre in der Gosse verdankte ich größtenteils ihren Intrigen. Da ich meinen Urlaub, oder was davon übrig war, noch genießen wollte, beendete ich dieses Thema. Es wurde noch ein schöner Abend. Einige Tage danach gingen wir zum Standesamt, um unsere Hochzeit anzumelden. Wir legten die dazu notwendigen Papiere vor, und nach Prüfung der Unterlagen sagte man uns, daß wir am nächsten Tag getraut würden. Zum vereinbarten Termin fanden wir uns im Rathaus ein. Ich hatte lediglich einen kleinen Blumenstrauß im meinem Arm. Ein Bruder von Rade und Onkel Sascha stellten die Trauzeugen. Die Zeremonie war kühl und emotionslos, wie ein Verkaufsgespräch. Nach wenigen Minuten und den entsprechenden Unterschriften verließen wir das Rathaus als frisch gebackenes Ehepaar.

Auf dem Rückweg tätigten wir einige Einkäufe und rüsteten uns für den nächsten Verwandtenbesuch. Gefeiert wurde nicht. Ein Urlaub zum Erholen oder Ausspannen war unmöglich. Ständig stellte man mir Fragen über meine Verwandten, die ich mit Ausflüchten wie: „Sie halfen mir nicht in größter Not, warum soll ich sie jetzt, wo es mir besser geht, kontaktieren“, beantwortete. Ich konnte die Zeit kaum erwarten, daß dieser Urlaub enden würde und wir nach Deutschland zurückkehren können. Andere Gastarbeiter blieben etwa zwei bis fünf Jahre, um danach wieder in ihre geliebte Heimat zurückzukehren. Bei mir ist es genau umgekehrt. Ich kann diesem Land nichts Schönes mehr abgewinnen. Meine Heimat ist dort, wo ich lebe, wo es mir gefällt und wo ich glücklich bin. Diese Dinge besitzen für mich einen höheren Stellenwert als die normale Definition von Heimat bezogen auf das Herkunftsland.

Die Rundreise war nach vier Wochen endlich beendet, und wir fuhren mit fast leerem Auto gen Deutschland. Mit Abscheu dachte ich an die Grenzkontrolle der jugoslawischen Zöllner, aber ein solches Fiasko blieb uns auf der Rückfahrt erspart. An der deutschen Grenze befragte man uns nach Zollgütern wie Schnaps etc. Als wir verneinten, bat man uns, den Kofferraum zu öffnen. Nach einer kurzen Sichtkontrolle wünschte man uns gute Fahrt, gab uns die Pässe zurück, und wir konnten passieren. Über die Autobahn gelangten wir schnell nach Hause. Da wir zwei Tage vor dem nächsten Arbeitstag zurückkehrten, konnten wir uns wenigstens kräftig ausschlafen und uns vom Urlaub erholen.

Wir gingen weiterhin unserer gewohnten Arbeit nach, und in den nächsten Monaten passierte nichts Besonderes. Das, was ich so sehr erhoffte, trat ebenfalls nicht ein. Jeden Monat erwartete ich, daß meine Regelblutung ausbleiben und ich schwanger würde.

Sehnlichst wünschte ich mir ein Kind, um all das, was mir bei Sascha versagt geblieben war, nachzuholen. Nichts dergleichen geschah. Mein Mann war weiterhin ein guter Partner und recht häuslich, bis auf wenige Gaststättenbesuche, die ich ihm auch zugestand. Etwa zwei Jahre später erhielt Rade seine Versetzung nach Aschaffenburg. Verbesserte Arbeitsbedingungen und mehr Lohn forcierten unsere Entscheidung für diesen Ortswechsel. Wir bezogen im 3. Stock eines Hochhauses eine herrliche 3-Zimmer-Wohnung mit Küche, Bad, Balkon und Kellerraum sowie Garage. Bei solch günstigen Voraussetzungen, dem guten Miteinander und reichlich Wohnraum, wurde der Wunsch nach einem Kind um so größer.

Meine Glückssträhne schien endlos lang zu sein. Ich wurde zwar nicht schwanger, aber mir winkte ganz in der Nachbarschaft, etwa 300 Meter Fußweg, ein wunderschöner Job. In einer Fabrik für Herrenoberbekleidung konnte ich sofort meine Arbeit aufnehmen. Eine recht lukrative Nebenbeschäftigung als Kosmetikberaterin verschaffte mir Bekanntschaften mit den Frauen vieler Landsleute. Sie waren die besten Kundinnen, obwohl ich selbst diese Produkte nicht verwenden mochte.

Etwa zwei Monate vergingen, da trat eine bedeutsame Veränderung ein. Rade war plötzlich wie ausgewechselt, aus dem liebevollen Mann wurde ein Pascha, der mich als sein Eigentum ansah. Er geriet in eine Clique, die ihn fest im Griff hatte. Er machte keinerlei Anstalten, sich von ihr zu lösen. Mit seinen Freunden, wie er sie nannte, war er häufiger zusammen als mit mir. Nächtelang wurde gepokert, und der Alkohol spielte mehr und mehr eine Rolle in seinem täglichen Leben.

Ich war froh, eigenes Geld zu besitzen, denn es genügten häufig nur zwei oder drei Tage, und er hatte sein gesamtes Geld verspielt. Dann flatterte eines Tages ein Telegramm ins Haus, auf dem sich meine Großeltern, aus Paris kommend, bei uns anmeldeten. Der letzte Kontakt lag sehr lange zurück, doch in meiner damaligen Situation war ich froh, Menschen aus meiner Familie zu treffen. Sie blieben zwei Monate, und während dieser Zeit riß Rade sich einigermaßen zusammen. Seine Ausflüge dauerten nicht mehr so lang, und der Alkoholkonsum wurde gedrosselt. Es stellte sich wieder so etwas wie Harmonie bei uns ein.

Als mir die Großeltern erzählten, wie unser Zusammentreffen zustande kam, verschlug es mir wiederum fast die Sprache. Zu welch absurden Attacken meine Mutter fähig war, bewies einmal mehr dieser Fall.

Mutter lud die Großeltern für drei Monate zu sich nach Paris ein. Bereits nach ca. zwei Wochen entbrannte zwischen Oma und Mutter wegen einer Lappalie eine Streiterei. Mutter steigerte sich derartig in diese Sache hinein, ich kannte das ja von ihr, so daß sie, nur um Recht zu behalten, die alten Leute kurzerhand vor die Tür setzte. Aus Scham, bereits nach vierzehn Tagen wieder nach Jugoslawien zurückfahren zu müssen, baten sie uns, eine Weile bleiben zu dürfen.

Mir persönlich kam dieser Besuch aus zwei Gründen gelegen. Zum einen nahm Rade sich zusammen, zum zweiten wurde so der Kontakt zu meiner Familie wieder hergestellt. Nachdem die Großeltern abgereist waren, bekam ich plötzlich Post von meiner Mutter. Auch sie hatte, wahrscheinlich von Tante Vera, erfahren, daß ich in Deutschland lebte und daß es mir recht gut ging. Dieser Aspekt bewog sie höchstwahrscheinlich, neue Kontakte zu knüpfen und mir ihre Version mitzuteilen, warum sie die Eltern einfach aus dem Haus geworfen hatte. Ihrer Meinung nach mischte Oma sich zu sehr in ihre Angelegenheiten.

Ich antwortete auf diesen Brief und bat mir aus, nicht in diese

Angelegenheit hineingezogen zu werden. Es entwickelte sich ein reger Briefkontakt, doch mehr wollte ich zur damaligen Zeit nicht.

Unsere regelmäßigen Urlaubsfahrten konnte ich, dank meiner Beharrlichkeit, auch etwas anders gestalten. Die Verwandtenbesuche wurden auf vierzehn Tage beschränkt, und die nächsten zwei Wochen verbrachten wir an der Adria, um wirklich Sonne und Urlaub zu genießen. Sascha, der bereits zur Schule ging, schrieb in seinen Briefen ständig neue Wünsche, die immer größer und anspruchsvoller wurden. Da ich ihn unbedingt zurückgewinnen wollte, ließ ich mich weitestgehend darauf ein und brachte ihm fast alle gewünschten Gegenstände.

Zu dieser Zeit war mir nicht klar, daß ich versuchte, mir seine Liebe zu erkaufen. Mir war jedes Mittel recht, ihn wiederzubekommen. Der Umfang seiner Wunschliste wuchs beständig. Zuerst sollte es ein Akkordeon sein, was ich auch mitbrachte. Damit er dieses Instrument erlernen konnte, ließ ich noch eine Summe Bargeld da für einen Musiklehrer. Doch mit der Erfüllung des Wunsches erlosch auch das Interesse. Als nächstes sollte es eine Gitarre sein und danach ein Schlagzeug. Einen Telefonanschluß ließ ich ebenfalls legen, damit ich zwischendurch mal seine Stimme hören konnte. All diese Bestrebungen basierten auf meinem Wunsch, ihn für mich zu gewinnen, damit er sich entscheidet, mit mir nach Deutschland zu kommen. Nichts dergleichen geschah. Alle Fragen in dieser Richtung stellte ich vergeblich.

Die Ferien an der Adria waren unbeschreiblich schön. Rade versprach mir jedesmal, sich zu ändern, und ich fiel regelmäßig darauf herein. Zurück in Aschaffenburg, wurden diese guten Vorsätze schnell über Bord geworfen. Der schlechte Einfluß seiner „Freunde" war stärker. In unserem Bekanntenkreis, der nur aus Landsleuten bestand, machte seine Lebensweise schnell die Runde. Einige standen weiterhin zu mir, andere wandten sich ab. Zu dieser Zeit entschloß ich mich, die Kontakte zu meinen Landsleuten stark einzuschränken. Mit deutschen Kolleginnen sprach ich nun häufiger, auch um die Sprache besser zu lernen. Durch meine geringen Deutschkenntnisse befand ich mich in einer Art Isolation, denn tiefgreifende Gespräche mit deutschen Kolleginnen konnte ich nicht führen. Christel, mit der ich zu der Zeit sehr häufig zusammen war, half mir, diese Hürde zu nehmen.

Eines Nachts wurde ich durch seltsame Geräusche geweckt, die Rade von sich gab. Er hatte am Vorabend kräftig getrunken, und ich dachte, daß ihm davon schlecht sei. Als ich das Licht anknipste, bekam ich einen gehörigen Schock. Mit weit aufgerissenen Augen lag er röchelnd und stöhnend neben mir, und Schaum verschmierte sein Gesicht. Ohne zu ahnen, worum es sich handelte, rief ich verängstigt den Rettungsdienst. Der Notarzt untersuchte ihn kurz, und man transportierte ihn schnellstmöglich ins nahegelegene Krankenhaus. Die Ärzte in der Klinik erklärten mir, daß dieser Epilepsieanfall nicht lebensbedrohlich sei und er schon bald wieder entlassen werden könne. Erst jetzt erfuhr ich, daß er die Krankheit von seinem Vater geerbt hatte.

Seine nette und liebevolle Art, die ich an ihm so sehr schätzte, war verflogen. Er benutzte sie lediglich dazu, um mich zu ködern und an ihn zu binden. Die Ereignisse eskalierten, als er mir verbot, weiterhin an den Abenden die Kosmetikartikel zu verkaufen. Da ich es im Laufe der Jahre gelernt hatte, mich durchzusetzen, bot ich ihm Paroli.

Ich wollte verhindern, daß er abends das Haus verläßt. Das war möglicherweise ein Fehler, denn letztlich setzte er immer seinen Willen durch. Versteckte ich zum Beispiel die Autoschlüssel, ging er zu Fuß oder rief ein Taxi, versteckte ich all seine Schuhe, ging er barfuß weg. Auch das Verschließen der Wohnungstür zeigte keinerlei Wirkung, denn mit einem kräftigen Tritt fetzte er diese aus dem Rahmen und verschwand trotzdem. Zu diesem Zeitpunkt war ich froh, daß ich in unserer schönen Zeit nicht schwanger wurde. Jetzt auch im Hinblick darauf, daß er an Epilepsie erkrankte. Ein ebenfalls krankes Kind war nicht das, was ich wollte. Seine Eskapaden steigerten sich stetig. Es gab Wochenenden, an denen er überhaupt nicht heimkam. Zurückhaltung, auch in seiner Wortwahl, übte er in keiner Weise. Ich vermutete ihn beim Kartenspiel in irgendeiner Kneipe, doch weit gefehlt. Freimütig, mit einiger Überheblichkeit in seiner Stimme, erklärte er mir, daß er mit seinen Kumpanen in der Tschechoslowakei war und Sekt, Kaviar und nackte Weiber genossen habe. Und sowieso wäre ich doch wohl blöd zu glauben, daß er mir treu sei, seit wir zusammen sind. Jetzt gestand er mir sogar seine Untreue ein, als ich noch in Kornwestheim lebte und er nur an den Wochenenden zu mir kam.

Dieses Eingeständnis ließ meine bis dahin fast heile Welt wie ein Kartenhaus einstürzen. Von diesem Tag an verweigerte ich ihm die ehelichen Pflichten, was ihn nicht davon abhielt, mich mit Gewalt zu nehmen. Diese neue Sachlage bereitete mir gehörige Angst, zumal bei mir immer häufiger krampfartige Schmerzen im Unterleib auftraten. Mit der Vermutung, daß er mich mit seinen rohen und gefühllosen Attacken verletzt haben könnte, ging ich zum Frauenarzt. Eine Verletzung lag nicht vor, doch die Diagnose war niederschmetternd. Die Vermutung auf Gebärmutterkrebs zwang mich zu einer schnellen Entscheidung. Eine Totaloperation wurde angesetzt. Als ich Rade abends davon in Kenntnis setzte, rastete er völlig aus. Seine wüsten Beschimpfungen berührten mich in keiner Weise, doch seine Äußerung: „Dann bist du nur noch ein leerer Eimer für mich und keine Frau mehr", traf mich wie ein Schlag ins Gesicht. Von nun an stand für mich fest, mich von ihm scheiden zu lassen.

Als anständiger und liebevoller Mann hätte er meine volle Unterstützung bekommen, ganz besonders auf Grund seiner Krankheit, doch darauf konnte er jetzt nicht mehr hoffen. Meinen Scheidungswunsch ignorierte er, war es doch so einfach und bequem zu Hause, da ich ihm weiterhin Essen kochte und seine Wäsche wusch. Irgendwie wollte ich ihn dazu bringen, in eine schnelle Scheidung einzuwilligen. Was lag näher, als ihn als Pascha in seiner männlichen Ehre zu kränken. Einem seiner ehemaligen Freunde erklärte ich mein Vorhaben, und er unterstützte meine Bestrebungen. Nur zum Schein gingen wir ein Verhältnis ein und verabredeten uns häufig. Diese Demütigung ließ er nicht lange über sich ergehen und willigte in die Scheidung ein. Eine gewisse Befriedigung überkam mich bei dem Gedanken, ihn mit seinen eigenen Waffen geschlagen zu haben.

An einem Samstagmorgen fuhren wir ins jugoslawische Konsulat nach Frankfurt. Auf einem vorgedruckten Formular bekundeten wir unser Vorhaben und besiegelten es mit unserer Unterschrift. Jetzt überschlugen sich die Ereignisse. Während wir auf die Scheidungspapiere aus Jugoslawien warteten, kam es häufig zu turbulenten Streitereien, bei denen auch körperliche Attacken nicht ausblieben.

Immer rücksichtsloser und brutaler ging er gegen mich vor, da ich mehr und mehr auf stur schaltete. Hatte ich doch gehofft und gebetet, daß Schläge in meinem Leben vorbei und ausgestanden seien. Er lehrte mich, weitere körperliche Schmerzen zu ertragen. Mich nicht als ängstliches Bündel vor sich zu sehen, steigerte seine Wut zusehends. Wirkliche Angst bekam ich erst, als er versuchte, unsere Wohnung anzuzünden. Aus dem Kleiderschrank raffte er all meine Garderobe zusammen und warf sie aufs Bett. Mit den Worten: „Jetzt verbrenne ich dich und deine Klamotten", zündete er sie mit einem Feuerzeug an. Aus Angst um mein Leben schlug ich wie wild das kleine Flämmchen aus und ergriff dann den erstbesten Gegenstand und schlug damit auf ihn ein. Daß ich in diesem Moment das Bügeleisen erwischte, war mir völlig egal. Sichtlich beeindruckt und stark blutend, verließ er das Schlachtfeld. Ich war der Sieger, trotz erheblicher körperlicher Unterlegenheit. Ich riet ihm, die Kleidung zu verschenken, denn davon konnte ich mich leicht trennen.

In der Zwischenzeit hatte ich ein neues möbliertes Apartement gefunden und zog aus. Ich konnte eine beachtliche Summe Bargeld, nämlich etwa 20.000 Mark, mitnehmen. Als ca. vier Wochen nach dem Einreichen der Scheidungspapiere unsere Trennung besiegelt wurde, lebte ich bereits in meiner neuer Wohnung. Glücklicherweise wurden die Parteien bei einer jugoslawischen Scheidung nicht gehört. Eine Gerichtsverhandlung mit Anwälten fand demnach nicht statt. Erst später erfuhr ich, daß man dem Wunsch unserer Trennung nicht nachgekommen wäre, wenn er seine Krankheit benannt hätte. Befreit von der Last, seine zügellosen Attacken gegen mich ertragen zu müssen, begab ich mich zur Operation ins Krankenhaus. Erst nach völliger Genesung wollte ich versuchen, mein neues Leben in geregelte Bahnen zu lenken.

Nach Feststellung der Ärzte durfte die Operation keinesfalls länger aufgeschoben werden, da der Tumor in den letzten Wochen stark gewachsen war. Am Tage vor dem Eingriff schrieb ich drei Abschiedsbriefe. Den ersten richtete ich an meine Mutter. Ich bat sie aus tiefstem Herzen darum, sich um meinen Sascha zu kümmern, falls mir etwas zustoßen sollte. Sie möge ihm all die Liebe schenken, die sie mir verwehrt hatte, und auf diese Weise Gerechtigkeit herstellen. Der zweite war für Sascha. Ihn bat ich, immer an mich zu denken, da ich ihn über alles liebte. Er möge, falls ich nicht zurückkomme, für meine Seele beten. Den dritten und letzten verfaßte ich gemeinsam mit Christel. Mit ihrer Hilfe verfaßten wir eine Bankvollmacht, damit sie im Falle meines Ablebens das Geld für Sascha in Empfang nehmen durfte.

Vor dem Eingriff besuchte ich noch die Krankenhauskapelle, um mir Gottes Beistand zu erflehen und um Abbitte für meine Sünden zu leisten. Die Angst, mit 29 Jahren sterben zu müssen, machte mir erheblich zu schaffen. Schließlich ergab ich mich dem Schicksal und begab mich in die Obhut der Ärzte. Erst drei Tage nach der Operation erlangte ich vollständig das Bewußtsein zurück. Nach Erläuterungen des Arztes wurde mir mit einem Bauchschnitt, der sich bis zu den Hüftknochen erstreckte, der Tumor entfernt.

Dabei stellten sie fest, daß die Eierstöcke stark in Mitleidenschaft gezogen waren und ebenfalls entfernt werden mußten. Um den hohen Blutverlust auszugleichen, waren sie gezwungen, Blutkonserven zuzuführen.

Da man mir nicht erklärt hatte, daß keine lebenswichtigen Organe entfernt worden waren, verfiel ich, aus Angst, doch bald sterben zu müssen, in tiefe Depressionen. Christel besuchte mich regelmäßig. Trotz ihrer Bemühungen, mir Trost zuzusprechen, vermochte sie es nicht, mich von meiner Angst zu befreien. Nach etwa einer Woche öffnete sich eines Nachmittags die Tür, und meine Mutter stand vor mir. Wie vom Donner gerührt, blickte ich sie ungläubig an. Der Abschiedsbrief, den ich ihr geschrieben hatte, hatte ihr wohl zu denken gegeben. Kühl, in ihrer mir bekannten Art, begrüßte sie mich nach so vielen Jahren nur mit Handschlag. Eine wortlose Umarmung hätte mir mehr bedeutet als hundert erklärende Sätze. Gefühle und Herzlichkeit brachte sie mir selbst in dieser Situation nicht entgegen.

Ich kam in dieser Zeit mit mir selbst nicht klar, deshalb war ich auch nicht in der Lage, mit ihr über einen Neuanfang zu sprechen. Ich gab ihr die Wohnungsschlüssel, und sie besuchte mich nach ihrem täglichen Shopping. Sie erzählte mir nur, was sie für Sachen gekauft hatte und allgemeines. Über persönliche Dinge fiel kein einziges Wort. Am liebsten hätte ich sie nach Paris zurückgeschickt, doch mir fiel ein Satz wieder ein, der mir häufig bei Streitereien durch den Kopf ging. „Begegne auch den Menschen, die dir Böses wollen, mit Liebe, und du wirst erfahren, jede Feindschaft löst sich auf." Ich wollte das Gewesene vergeben, vergessen, aber konnte ich es nie.

Christel und Mutter waren die einzigen Menschen, die mich im Krankenhaus besuchten. Die Genesung machte, den Umständen entsprechend, gute Fortschritte. Als der Arzt nach etwa vierzehn Tagen die Fäden zog, kam ein herber Rückschlag. Die Narbe platzte in voller Breite wieder auf, und der gesamte Heilungsprozeß begann von vorn. Mutter reiste nach vier Wochen wieder ab. Ihr Urlaub war zu Ende, und ich mußte ihr versprechen, sie in Paris zu besuchen. Nach etwa sechs Wochen Aufenthalt durfte ich die Klinik verlassen. Stark geschwächt, war ich endlich wieder zu Hause.

Zu dieser Zeit erhielten viele Frauen, je nach Schwere des Eingriffs, den Status einer fünfzigprozentigen Erwerbsminderung. Dieser Umstand ermöglichte es mir, binnen weniger Wochen eine Genesungskur in Bad Brückenau anzutreten. Bei meinem Eintreffen in dieser Genesungsstätte eröffnete sich mir der Eindruck, ich wäre in einem Kloster gelandet. Das Josefsheim, so nannte sich dieses Haus, war ein sehr altes Gemäuer und wurde ausschließlich von Nonnen geführt. Sie waren mir gegenüber immer sehr freundlich, nett und zuvorkommend. Vor den gemeinsamen Mahlzeiten wurde gebetet, und abends um 22 Uhr wurden die Pforten geschlossen. In diesem Heim waren hauptsächlich alte Menschen untergebracht. Mit meinen 29 Jahren sah ich einem längeren Aufenthalt doch mit etwas Skepsis entgegen.

Am gleichen Tag reiste aber eine Frau an, die nur acht Jahre älter war als ich. Sie hieß Anna Hudl. Die Zimmerverteilung war glücklicherweise nicht so streng vorgeplant, so daß ich flehentlich zu Anna hinsah. Sie nickte zustimmend, und es gelang uns, gemeinsam ein Doppelzimmer zu beziehen. Einzelzimmer gab es nicht. Auch sie hatte kein Interesse daran, mit einer etwa doppelt so alten Zimmergenossin die gesamte Kur zu verbringen. Ich zog das große Los mit dieser Entscheidung. Aus dieser Zwangsgemeinschaft entwickelte sich eine tiefe Freundschaft, die bis zum heutigen Tage anhält. Anna ist verheiratet, hat vier Kinder und einen herzensguten, aufmerksamen und lieben Mann.

An den Wochenenden, an denen er Anna besuchte, brauchte ich nicht allein zurückbleiben. Ob zum Kaffeetrinken oder auf größere Wanderungen, ich wurde überallhin mitgenommen. Anna ist ein sehr mütterlicher Typ, und ich fühlte mich in ihrer Gegenwart gleich sehr wohl. Ihr bereitete es große Freude mitzuerleben, wie sehr sich mein Zustand verbesserte. Mein anfangs stark depressives Verhalten änderte sich zusehends. Sie verstand es mich aufzubauen, und war eine gute Zuhörerin. Was die Ärzte bis dahin nicht geschafft hatten, erreichte sie mit wenigen Worten. Sie erklärte mir die Totaloperation, die ja der Auslöser meiner Depressionen war, folgendermaßen:

„Lebenswichtige Organe entnahm man dir nicht. Stell dir vor, du hast eine große Kompottschüssel und man entnimmt einige Löffel des Inhalts. Wenn du dann die ganze Schüssel betrachtest, merkst du nicht, daß etwas fehlt.“ Diese ungewöhnliche Erklärung, vorgebracht in Annas überzeugender Art, reichte aus, um mir die Angst vor einem frühen Tod zu nehmen. Plötzlich verstand ich es, damit umzugehen und damit zu leben. Die Depressionen wichen, und neuer Lebensmut ließ mich die Welt mit anderen Augen sehen. Das gesamte Umfeld wirkte sich positiv auf meinen Gesundheitszustand aus, die Gebete und ganz besonders Annas Ausstrahlung.

Mein Interesse an Männern blieb vorerst gestört. Die Enttäuschungen der letzten Jahre saßen zu tief. Die Kur mit allen Annehmlichkeiten ging zu Ende. Am Tag unserer Abreise kam Annas

Mann Roland, um sie mit dem Auto abzuholen. Da mein Wohnort auf Annas Heimweg lag, nahmen sie mich mit. Als ich in Aschaffenburg aus dem Auto stieg, mußte ich versprechen, sie am kommenden Wochenende in Kahl am Main zu besuchen, was ich gerne tat.

Eine Kleinigkeit aus dieser Kur hat bis heute überdauert. Da ihr mein Vorname schlecht über die Lippen kam, nannte sie mich der Einfachheit halber „Susi". Sogar ihre gesamte Familie übernahm diesen Namen. Leider verunglückte Roland in seiner Firma sehr schwer, so daß er den Verletzungen erlag. Anna hat seinen plötzlichen Tod bis heute nicht ganz überwunden.

Etwa zwei Wochen nach dieser Kur nahm ich meine Arbeit wieder auf. In diesem Jahr fuhr ich nicht nach Jugoslawien in Urlaub, denn mit der Bahn war es mir zu anstrengend. Ich war nicht in der Lage, meine Koffer mit all den Geschenken für Sascha zu schleppen. Auf seine Geschenke brauchte er trotzdem nicht verzichten. Ein Bekannter aus unserer Gegend nahm alles mit. Erst im darauffolgenden Jahr besuchte ich ihn wieder.

Da ich meiner Mutter im Krankenhaus versprochen hatte, sie in Paris zu besuchen, meldete ich mich kurzfristig an. Freitags nach Feierabend setzte ich mich in den Zug und fuhr zu ihr. Insgeheim keimte wohl doch noch die Hoffnung in mir, daß sie sich einmal ändert und mich als ihr Kind in die Arme schließt. Auch diesmal wurden mir keine persönlichen Zuwendungen zuteil. Sie versuchte, durch teure Geschenke ihre Schwäche zu überspielen und dadurch alles ins rechte Lot zu rücken. Doch darauf legte ich keinen Wert. Mit ihrem Mann verstand ich mich besser als mit ihr. Sie zeigten mir alle Sehenswürdigkeiten der Stadt, aber die Liebe, die ich so sehr erhoffte, wurde mir nicht zuteil.

Auch diesen Versuch, meiner Mutter näherzukommen, sah ich als gescheitert an. Allerdings gab es bis zu meiner Abreise keine wesentlichen Streitereien. Während dieser Tage in der Stadt der Liebe bemerkte ich bei der Betrachtung der turtelnden Pärchen, daß mein Leben als Single nicht gerade toll war. Ich sehnte mich wieder nach einem Partner, mit dem ich das tägliche Einerlei teilen konnte. Meine völlige Abneigung gegen das männliche Geschlecht wich langsam. Mit diesen Gedanken fuhr ich heim.

Ich gestand mir ein, wohl weiterhin ohne Mutterliebe leben zu können, nicht aber auf einen liebenden Partner verzichten zu wollen. Wieder zu Hause, setzte ich die in Paris gewonnenen Erkenntnisse in die Tat um. Über eine Zeitungsanzeige suchte ich einen Mann aus Belgrad. Etliche ernstgemeinte Zuschriften waren darunter. Meine Wahl fiel schließlich auf einen dreizehn Jahre älteren Bewerber. Bei einem ersten Kennenlernen stellten wir fest, daß sich unsere Mütter bereits kannten. Er zeigte sich charmant und weltmännisch und verstand es nach etlichen Treffen, meine Gefühle zu wecken. Als Elektroingenieur verdiente er viel Geld und lebte danach. Um ihn als Typ zu beschreiben, fällt mir nur der Vergleich zu Clark Gable ein. Seine Größe von etwa 170 Zentimeter ließ mich neben ihm nicht gar so klein erscheinen. Er bot mir alle erdenklichen Annehmlichkeiten des Lebens. Seine Kleidung bezog er fast ausschließlich auf Düsseldorfs Nobelmeile, der Königsallee, und mit mir fuhr er ebenfalls dorthin, um mich einzukleiden.

Wenn Feiertage ein sonst normales Wochenende verlängerten, flogen wir mal eben nach Italien oder Spanien. Noch wohnte ich in Aschaffenburg, und Rade ließ mich trotz unserer Scheidung nicht in Ruhe. Immer wieder kreuzte er nachts in angetrunkenem Zustand bei mir auf und randalierte an meiner Tür. Sogar Landsleute, die er aufstachelte, begleiteten ihn dabei. Nach etwa zwei Jahren ertrug ich diesen Zustand nicht mehr, und ich entschloß mich zu einem generellen Ortswechsel. Bis auf Anna und ihre Familie hatte ich hier niemanden, für den es sich zu bleiben lohnte. Es mußte eine größere Entfernung zwischen uns sein, denn sonst bekäme ich vor Rade niemals meine Ruhe. Da Momo, so hieß mein neuer Lebensabschnittsgefährte, in Düsseldorf wohnte und arbeitete, gab ich endlich seinem Bestreben nach und zog dorthin. Ich wollte mich aber keinesfalls vollständig von ihm abhängig machen, und so suchte ich mir kurz nach dem Umzug eine neue Arbeitsstelle.

Schon sehr bald fand ich eine Firma, die mich einstellte. In einer Metallwarenfabrik fertigte ich Kleinteile für die Elektroindustrie im Akkord. Somit verdiente ich mein eigenes Geld, was ich weitestgehend sparte, und konnte so ohne finanzielle Sorgen in die Zukunft blicken. Meinen anfänglichen Wunsch nach Liebe und Geborgenheit konnte ich recht schnell begraben. Es gab viele Gemeinsamkeiten, doch die Gefühle, die ich von einem Partner erwartete, gab Momo mir nicht. Langsam zweifelte ich daran, ob es überhaupt noch Männer gab, die zu wahren Gefühlen fähig sind. Letztendlich besteht eine ausgewogene Partnerschaft nicht nur aus Sex. Bisher fiel ich leider immer nur auf die Blender herein. Ich genoß die finanzielle Unabhängigkeit und war mir doch im Klaren darüber, daß unsere Beziehung bröckelt.

Sascha war mittlerweile 14 Jahre alt, und all meine Bemühungen, ihn zu mir nach Deutschland zu holen, blieben erfolglos. Jetzt, kurz vor Beendigung seiner Schulzeit, wollte ich ihn mit meinem Drängen in Ruhe lassen. Er war ein guter Schüler, und ein Ortswechsel hätte ihm zu diesem Zeitpunkt erheblich geschadet. Sein größter Wunsch war in diesem Jahr ein Rennrad. Auf meine Frage hin, was ein entsprechendes Gefährt in seiner Stadt denn kostete, äußerte er unmißverständlich, daß nur ein deutsches Rad in Frage käme. Der Transport dorthin sollte keine Schwierigkeiten bereiten, wie sich kurz darauf herausstellte. Ein Freund von Momo unterbreitete uns einen Vorschlag. Wenn ich als Jugoslawin einen solchen Gegenstand mitnähme, mußte ich Zoll dafür zahlen. Er aber war Türke und konnte es als Transitreisender kostenfrei mitnehmen. Dieser Vorschlag sagte mir zu, und als Entschädigung für diesen Umweg bekam er von uns eine Adresse, bei der er kostenlos übernachten konnte. Mit dem Fahrrad hatte ich sicher einen Treffer gelandet, aber ein Dankeschön erreichte mich nie. Wie auch in den Jahren zuvor wurde es als Selbstverständlichkeit angesehen. Was folgte, war lediglich eine neue Wunschliste. Allmählich stumpfte ich etwas ab und wartete nicht mehr wochenlang auf einen seiner Briefe.

Etwa vier Jahre lebten Momo und ich bereits zusammen. Sein fünfzigster Geburtstag nahte, und es ergab sich die Frage nach einem passenden Geschenk. Er beantwortete sie mit einem Lächeln und sagte, daß ihm zum Fünfzigsten zwei Fünfundzwanzigjährige gerade recht kämen. Über diesen Witz lachte ich herzlich, doch nach diesem Geburtstag verging mir das Lachen gänzlich. Tatsächlich hatte er eine junge Frau kennengelernt und wollte sich von mir trennen. Diese Frau war gerade 26 Jahre alt. Da ich mir gegen sie keinerlei Chancen ausrechnete, stimmte ich einer sofortigen Trennung zu. Ohne Groll und in Freundschaft beendeten wir unsere gemeinsame Zeit. Meine Seele erhielt durch diesen Schritt eine Narbe dazu.

Enttäuscht, aber nicht verzweifelt zog ich bald danach in ein kleines Apartement. Jetzt war ich froh über meinen damaligen Entschluß, weiter arbeiten zu gehen. Ich behielt auf diese Art meine Unabhängigkeit. Kleinigkeiten aus unserem gemeinsamen Haushalt nahm ich ebenfalls mit. Jahre später erfuhr ich, daß Momo diese Frau heiratete und mit seinen mehr als fünfzig Jahren noch dreifacher Vater wurde. Die ganze Angelegenheit belastete mich doch mehr, als mir lieb war, denn mein Hausarzt verordnete mir eine weitere Kur, die ich im April 1982 antrat.

Dieses Mal landete ich in Hofheim im Taunus, etwa 80 Kilometer entfernt von Annas Wohnort. Diese Kurklinik war eine Mischung aus altem Gemäuer und modernem Wohntrakt. In dem Altbau befanden sich die Verwaltung, die Therapie- Speise- und Aufenthaltsräume sowie die Schlafräume der Männer. Im angrenzenden Neubau lagen moderne Einzelzimmer mit Dusche und WC für die Frauen. Im Untergeschoß befanden sich die Arztpraxen. Es war hier ähnlich wie in Bad Brückenau, denn meine Zimmernachbarin reiste am gleichen Tag an wie ich. Da wir uns vom ersten Augenblick an sympathisch waren, verbrachten wir während der gesamten sechs Wochen unsere Freizeit zusammen. Ursula kam aus Hamburg. Sie war sehr nett, aufgeschlossen und redegewandt. Als weitgereiste Frau, vornehmlich im asiatischen Raum, verstand sie es, mich mit ihren Geschichten zu begeistern. Insgeheim bekam ich des öfteren Fernweh und wünschte mir, all diese Orte einmal bereisen zu können.

Trotz der frühen Jahreszeit war das Wetter überdurchschnittlich gut, es war sogar sehr warm. Nach unseren Anwendungen oder an den freien Nachmittagen konnten wir auf einer großen Rasenfläche Sonnenbäder nehmen. Die recht alten Klappliegestühle, die uns zur Verfügung standen, hatten es in sich. Als ungeübter oder technisch unbegabter Mensch hatte man kaum eine Chance, so ein Ungetüm aufzustellen. Ganz nebenbei gesagt, waren sie, wenn sie erst mal standen, recht bequem. Ursula und ich quälten uns wieder einmal recht ungeschickt mit diesen Stühlen herum, doch den richtigen Dreh fanden wir nicht. In angemessener Entfernung saß ein Mann, der uns dabei zusah. Noch bevor wir um Hilfe bitten konnten, stand er auf und bot uns breit grinsend an, die Stühle aufzustellen. Wir nahmen dankend an, und mit wenigen Handgriffen waren die Ungetüme einsatzbereit. Fast sprachlos darüber, wie schnell diese Dinger standen, bedankten wir uns, und er ging ohne weitere Worte an seinen Platz zurück.

Er richtete seinen Liegestuhl erneut zur Sonne aus und legte sich hinein, ohne uns eines weiteren Blickes zu würdigen. Unsere Ruheplätze waren weit genug auseinander, so daß er die Unterhaltung, die wir miteinander führten, nicht hören konnte. Alle Anwesenden wurden von uns ausführlich begutachtet und eingeschätzt. Auch den freundlichen Nachbarn verschonten wir nicht.

Unsere einheitliche Meinung war, daß dieser Mann sehr einsam und zurückgezogen leben mußte und kein Interesse an Bekanntschaften hegte. Auch in den nächsten Tagen konnten wir ihm nicht mehr als einen freundlichen Gruß zur Tageszeit entlocken. Wir sahen ihn immer allein, ob beim Spaziergang, Stadtbummel oder in der Klinik. Wir hingegen waren recht guter Dinge und hatten zu vielen anderen Patienten Kontakt. So verabredeten wir uns mit Dieter, einem recht lustigen Mitbewohner, zum Tanzen. Der Tanz in den Mai stand an, und die Sperrzeit der Klinik wurde an diesem Abend auf 00.30 Uhr heraufgesetzt. Normalerweise wurden die Pforten der Klinik um 22.30 Uhr geschlossen. Dieter war der Meinung, daß diese zusätzliche Ausgangszeit unbedingt ausgenutzt werden mußte, und er versprach, seinen Zimmerkollegen zum Tanz mitzubringen. Ich staunte nicht schlecht, als wir uns zur verabredeten Zeit trafen. Sein Mitbewohner war der uns bereits bekannte Herr, der uns bei den Liegestühlen geholfen hatte. Sein Name war Reiner, wie wir erst jetzt erfuhren. Er war etwa 183 Zentimeter groß, schlank und sportlich, ca. 70 Kilo schwer, hatte dunkelblondes, mittellanges Haar und trug einen gepflegten Vollbart, recht kurz gehalten mit sauberen Konturen. Seine Augenfarbe war blaugrün, und er hatte eine kräftige Nase. Er war kein großer Redner, doch seine Worte waren klar und sachlich, etwas kühl vielleicht. Er kam aus Lengerich in Westfalen, einer Kleinstadt zwischen Münster und Osnabrück, und man sagt den Westfalen ja eine gewisse Sturheit nach.

Der Abend verlief sehr schön. Dieter war ein guter und fleißiger Tänzer, und er tanzte abwechselnd mit Ursula und mir. Reiner dagegen saß nur am Tisch. Bereits am Anfang gab er uns klar zu verstehen, daß er Nichttänzer sei und uns nur begleiten wollte. Während des ganzen Abends beteuerte Dieter immer wieder, wie gut und glücklich er verheiratet sei. Er unterließ es aber nicht, etliche Versuche zu starten, um mit mir anzubändeln, was mir sehr mißfiel. Er hoffte wohl, daß ich frei und ungebunden war und er bei mir landen könnte. Nicht im Traum dachte ich daran, mit einem Mann, der angeblich eine glückliche Ehe führt, ein Verhältnis anzufangen. Reiner hingegen gefiel mir sehr, doch er machte keinerlei Anstalten, mich kennenzulernen, obwohl er ebenfalls geschieden, also frei war.

Seine Unnahbarkeit machte ihn für mich besonders interessant. Seine Umgangsformen ließen auf eine gute Erziehung schließen. Eine Sache störte mich an diesem Abend jedoch gewaltig, denn als wir kurz vor unserem Aufbruch die Rechnung verlangten, zahlte er nur seine eigenen Getränke, was mir sehr geizig vorkam. Erst später erfuhr ich den wahren Grund. Durch erhebliche Unterhaltszahlungen an seine geschiedene Frau und die drei unmündigen Kinder herrschte in seiner Kasse Ebbe. Um so mehr überraschte mich seine Handlungsweise auf dem Heimweg. Den ganzen Abend hatte er die Annäherungsversuche von Dieter beobachtet, die ihm ebenfalls zu mißfallen schienen. Mit den Worten: „Jetzt ärgern wir den Dieter", ergriff er meine Hand und ließ sie bis zum Eingang der Klinik nicht mehr los. Auf die Abwehr weiterer Annäherungsversuche von Dieter hatte ich mich eingestellt, aber nicht auf die Unterstützung von Reiner, die mir, nebenbei bemerkt, ganz gut gefiel.

Ab sofort hatte ich Ruhe vor Dieter, dem ich am nächsten Tag noch ganz gehörig meine Meinung sagte. Reiner aber kroch nach diesem Abend aus seinem Schneckenhaus, in das er sich zurückgezogen hatte. Ursula und ich stellten fest, daß man sich recht gut mit ihm unterhalten konnte, und wir drei verbrachten ab sofort etliche Stunden der freien Zeit gemeinsam. Fast täglich unternahmen wir etwas nach den Anwendungen. Selbst im Haus trafen wir uns im Aufenthaltsraum oder auf der Liegewiese zum gemeinsamen Sonnenbad.

Ich hatte auf einmal das Gefühl, diesen Menschen schon eine Ewigkeit zu kennen, und so verhielten wir uns auch. Wir unterhielten uns über sehr persönliche Dinge, die mir bislang noch niemand entlockte. So wurde er Freund und Therapeut zugleich. Als erster Mann in meinem Leben wollte er nicht meinen Körper, sondern akzeptierte mich als Mensch, so wie ich war. Eine neue und schöne Erfahrung.

Etwas verwundert war ich schon, daß er keine Annäherungsversuche unternahm, doch in einem unserer Gespräche sagte er klar, daß momentan für ihn keine feste Beziehung in Betracht käme. Da mir selbst das Interesse an körperlichen Kontakten fehlte, harmonierten wir also gut zusammen. Viele aus unserer Kurgemeinschaft sagten uns bereits ein Verhältnis nach, und wir ließen sie auch in ihrem Glauben. Wir versuchten mit keinem Wort, das Gerücht zu zerstreuen, denn jedes Gegenargument hätte sie diesbezüglich nur noch gestärkt. Eine gewisse Belustigung über die Phantasien der Leute konnten wir keineswegs unterdrücken, kannten wir doch die Wahrheit. Die Zeit verging wie im Fluge, und wir drei hatten noch recht viel Spaß miteinander.

Eine Woche vor Beendigung meiner Kur reiste Reiner ab. Am Tag vor der Abreise tauschten wir die Anschriften und Telefonnummern aus, und er versprach mir, sich einmal bei mir zu melden. Ich maß der Absichtserklärung keine besondere Bedeutung bei, denn allzu oft hatte ich in der Vergangenheit falschen Versprechungen Glauben geschenkt. Zum Abschied nahm er mich in den Arm und gab mir einen verhaltenen Kuß auf die Wange und sagte nur noch: „Ich melde mich, wenn du wieder zu Hause bist.“ Dann fuhr er los. An sein Versprechen sich zu melden, glaubte ich nicht.

In den nächsten Tagen bis zu meiner Abreise bemerkte ich, wie sehr mir seine Anwesenheit fehlte. Ursula, mit der ich mich auch darüber unterhielt, beschwichtigte mich und sagte nur: „Wart's ab." Auf einmal wurde mir klar, was ich im Beisein von Reiner ignoriert oder gar unterdrückt hatte – ich hatte mich verliebt! Zum ersten Mal spürte ich eine tiefe Zuneigung zu einem Mann. Hier gab es nur Gefühle und nicht, wie in der Vergangenheit, irgendwelche Zweckgemeinschaften. Die noch verbleibende Woche schleppte sich dahin. Außer einigen Spaziergängen und ausgiebigen Sonnenbädern unternahmen wir nichts Besonderes. Da Ursula keine weitere Verlängerung bekam, reisten wir am gleichen Tag mit dem gleichen Zug ab. Erst in Düsseldorf verabschiedeten wir uns, und ich mußte ihr versprechen, sie über alles, was in der nächsten Zeit geschehen würde, zu unterrichten.

Es war Freitag mittags, als ich meine Wohnungstür aufschloß. Ein erfrischendes Bad und danach ein Stündchen Schlaf waren mein größter Wunsch. Eine Nachbarin, die meine Rückkehr mitbekommen hatte, gesellte sich zu mir, und ich mußte ausführlich über meinen Kuraufenthalt berichten. Wir saßen gerade bei einer Tasse Kaffee zusammen, und ich begann, mit Lockenwicklern in den Haaren, zu erzählen. Bei der zweiten Tasse klingelte das Telefon, und ich sagte noch zu ihr: „Wer mag das wohl sein, denn eigentlich weiß noch niemand, daß ich zurück bin", nahm den Hörer ab und meldete mich. Es war der Anruf, den ich so erhofft, aber zu dieser Zeit niemals erwartet hatte. Am anderen Ende meldete sich Reiner. Er fragte, ob ich gut heimgekommen wäre und ob er mich besuchen dürfte. Total überrascht und glücklich zugleich sagte ich, er könne sofort kommen. Mit den Worten „Tschüß bis nachher", legte er auf. Wir setzten unsere Unterhaltung fort, denn ich rechnete frühestens in zweieinhalb bis drei Stunden mit seiner Ankunft.

Die Lockenwickler zierten noch mein Haupt, als es etwa eineinhalb Stunden nach unserem Telefonat an der Tür klingelte. Ungläubig öffnete ich, und ein riesengroßer Rosenstrauß kam mir entgegen, den Reiner in den Händen hielt. Es war mir richtig peinlich, daß ich noch nicht fertig angezogen war. Ohne weiter neugierig zu sein, verabschiedete sich die Nachbarin und ließ uns allein. Wir fielen uns in die Arme und küßten uns innig. Zum ersten Mal ließen wir unseren Gefühlen freien Lauf. Bei einer Tasse Kaffee gestanden wir uns gegenseitig ein, wie einsam die vergangene Woche ohne den anderen gewesen war. Er hatte die gleichen Gefühle wie ich entwickelt. Mit zitternden Fingern befreite ich meinen Kopf während unserer Unterhaltung von den Lockenwicklern. In der Vergangenheit hatte ich es vermieden, die Männer mein ungeschminktes Gesicht sehen zu lassen oder gar, mich beim Ausziehen betrachten zu lassen. Doch in diesem Fall störte es mich nicht im geringsten. Durch unsere Gespräche in der Kur kam es mir vor, als würden wir uns schon eine Ewigkeit kennen.

So schämte ich mich auch nicht, mich langsam vor seinen Augen zu entkleiden. Ohne weitere Worte folgte er meinem Beispiel. Unsere Körper bebten vor Aufregung und Lust, als wir gemeinsam in die Kissen sanken. Unter zärtlichen Küssen gab ich mich ihm hin. Sein Einfühlungsvermögen ließ mich in völlig unbekannte und ungeahnte Welten tauchen, als er vorsichtig und ohne Hast in mich eindrang. Nie zuvor hatte es ein Mann vermocht, mich zum Höhepunkt der Lust zu geleiten. Alles, was war, verschwand hinter dem Glück unseres Zusammenseins. Heiße Schauer der Lust durchliefen meinen Körper, und zum ersten Mal erlebte ich die so berühmten Schmetterlinge im Bauch.

Und doch konnte ich es in diesem Moment nicht verhindern, daß mir die Worte von Rade wieder ins Gedächtnis kamen, der mich einen leeren Eimer genannt hatte. Kein Mann vor Reiner hatte es verstanden, diese Gefühle in mir zu wecken. Ich war ein wenig traurig, daß mir dieses höchste Glück so viele Jahre entgangen war, und ich war unendlich dankbar, daß ich gerade mit Reiner dieses Erlebnis teilen durfte. In dieser Nacht wurden wir die zwei Teile eines Ganzen. Ich war zu einer überaus glücklichen Frau geworden. Selbst in den Morgenstunden konnte ich vor Aufregung nicht einschlafen, und ich wagte auch nicht, meine Augen zu schließen, aus Angst, dieser Traum würde am nächsten Morgen enden.

Aber nach einem gemeinsamen Frühstück am nächsten Vormittag turtelten wir durch Düsseldorf und vergaßen vor lauter Verliebtheit die ganze Umwelt. Im Alter von 36 Jahren mußte ich erfahren, daß ich in der Vergangenheit nur benutzt, aber nie richtig geliebt worden war. Diese völlig neue Seite der Zweisamkeit, die sich mir nun offenbarte, war mir einfach vorenthalten worden.

Dieser Samstag verging schneller als jeder andere Tag zuvor in meinem Leben. Am Sonntagmittag mußte Reiner nach Lengerich zurückfahren. Sein Arbeitsalltag nach der Kur begann wieder. Wir beschlossen, da mir noch eine Woche Nachkur zustand, diese Zeit gemeinsam in seiner Wohnung zu verbringen. Am Sonntagnachmittag setzten wir uns in Reiners Wagen und fuhren bei herrlichem Sonnenschein in Richtung Lengerich. Meine Freude über die bevorstehende gemeinsame Woche wurde leider etwas getrübt, als er mich kurz vor unserer Ankunft um etwas bat. Er sagte mir, daß er die Wohnung in aller Eile verlassen habe und nicht mehr zum Aufräumen gekommen sei. Daher sollte ich in einer benachbarten Gaststätte warten, bis alles für meinen Besuch gerichtet sei. Im ersten Moment glaubte ich an eine Notlüge von ihm und daß er mir etwas verheimlichen wollte. Sollte ich etwa wieder belogen werden?

Meine Leichtgläubigkeit und mein Vertrauen waren in der Vergangenheit recht häufig mißbraucht worden. Ich konnte und wollte einfach nicht glauben, daß auch dieser Mann mich hinters Licht führen wollte. Noch einmal wollte ich das nicht mitmachen. Spontan versicherte ich ihm, daß die Sorge um die unaufgeräumte Wohnung unbegründet sei und mir das Chaos in einem Männerhaushalt nichts ausmache. Ich sei gerne bereit, ihm tatkräftig beim Aufräumen und Saubermachen zu helfen. Nach einigem Hin und Her ließ er von seinem Vorhaben ab, und wir fuhren direkt vor das Haus, das einen sehr ordentlichen und gepflegten Eindruck machte. Keine beschmierten Wände im Treppenhaus, und die Stufen bis hinauf in den zweiten Stock, in dem seine Wohnung lag, waren aus Marmor und blitzblank gewischt. Dieser erste Eindruck imponierte mir sehr, denn in den Großstädten sehen Treppenhäuser von Mehrfamilienbauten häufig schäbig und ungepflegt aus.

Beim Betreten der Räume bemerkte ich sofort, daß meine anfängliche Sorge unbegründet war und er mich nicht angeschwindelt hatte. Auf dem braunen Teppichboden, der im Flur, Wohn- und Schlafzimmer lag, befanden sich kleine weiße Bällchen, wie aus Wolle. Er erklärte mir, daß um diese Jahreszeit und bei trockenem Wetter jede Menge davon durch die geöffneten Fenster bzw. durch die offene Balkontür hereinflögen. Es handelte sich um die Blüten bzw. Samen einiger Pappeln, die auf der gegenüberliegenden Straßenseite standen.

Da ich in Düsseldorf nur ein etwa 30 Quadratmeter großes Apartement bewohnte, kam mir diese Wohnung recht groß vor. Der Platz reichte gerade für zwei Personen. Die Einrichtungsgegenstände waren genau, wie er sie mir beschrieben hatte, einfach, zweckmäßig, ohne jeglichen Luxus, aber recht gemütlich. In den darauffolgenden Tagen lernte ich seine Eltern und Geschwister kennen.

In seinem Elternhaus fühlte ich mich sofort wohl, denn man behandelte mich von Beginn an wie eine gute Bekannte. Solch ein Elternpaar hatte ich mir als junger Mensch immer gewünscht. Nachdem ich zu Reiner gezogen war und ich seine Eltern besser kennenlernte und sie mir das „Du“ anboten, nannte ich sie nie beim Vornamen, sondern immer Mutti und Papa. Da ich in der ersten Zeit in Lengerich noch keine Freunde besaß, war Mutti mir Freundin und Vertraute.

Unsere harmonische Zweisamkeit ließ mich einige Anfangsschwierigkeiten vergessen. Tagsüber, während er seiner Arbeit nachging, fühlte ich mich oft sehr allein, denn seinen Freundeskreis lernte ich erst später kennen. Auch bereitete mir das Leben in einer fast ländlichen Gegend einige Probleme. Als Großstadtkind fehlten mir die Hektik und das pulsierende Leben in einer Metropole wie Düsseldorf. Diese idyllische Ruhe wirkte anfangs fast erdrückend, doch die Liebe zu Reiner war stärker, und sie ließ mich diese Kleinigkeiten vergessen. Da wir von Beginn unserer Beziehung an über alles frei und ohne Hemmungen sprachen, war unser Vertrauen zueinander uneingeschränkt. Es gab keinerlei Geheimnisse voreinander. Erst jetzt, beim täglichen Umgang mit der deutschen Sprache, merkte ich, daß noch erheblicher Nachholbedarf für mich bestand. Häufig reichte eine zweideutige Formulierung, die ich nicht klar verstand, aus, um kleinere Meinungsverschiedenheiten auszulösen. Reiner merkte jedesmal sofort am Gesichtsausdruck oder an meiner Verhaltensweise, wenn etwas nicht stimmte. In einem anschließenden Gespräch wurden diese Punkte geklärt und aus der Welt geräumt.

Als ich am darauffolgenden Wochenende wieder nach Düsseldorf zurück mußte, um ebenfalls meine Arbeit wieder aufzunehmen, lieferte er mir einen weiteren Beweis seines Vertrauens.

Da seine Arbeitsstelle in nur etwa 10 Minuten Fußweg Entfernung zu seiner Wohnung lag, stellte er mir sein Auto zur Verfügung. Diese gemeinsame Woche, die wir in seiner Wohnung verbrachten, hatte uns zusammengeschweißt. Wir kamen zu einem bedeutsamen und weitreichenden, aber erfreulichen Entschluß. Wir wollen uns eine gemeinsame Zukunft aufbauen und, wenn die Zeit dafür reif wäre, hielten wir auch eine spätere Heirat nicht für ausgeschlossen. Glücklich, den Kopf voller Zukunftspläne, verließ ich am Sonntag nachmittag seine Wohnung und fuhr nach Düsseldorf zurück.

Zu Hause angekommen, ging ich als erstes zum Briefkasten. Ein schwarzumrandeter Brief von Tante Vera ließ meinen fröhlichen Gesichtsausdruck einfrieren. Hastig öffnete ich den Umschlag, und meine schlimmste Befürchtung bewahrheitete sich. Mein geliebter Onkel Sascha war verstorben, und ich besaß keine Möglichkeit mehr, mich von ihm zu verabschieden. Der Brief war bereits zehn Tage alt.

Bei all meiner Trauer um diesen lieben Menschen, tröstete mich doch der Gedanke in Reiner einen ebenso liebenswerten Menschen gefunden zu haben. Noch am selben Abend verfaßte ich einen entsprechenden Brief an Tante Vera.

Mit einigen tröstenden Worten sprach ich ihr mein Mitgefühl aus, und ich erklärte ihr, daß mich die Todesnachricht zu spät erreicht hätte. Mir gingen viele Gedanken durch den Kopf. Trotz dieses Schicksalsschlages gelangte ich zu der Erkenntnis, daß mir eine sehr glückliche Zukunft bevorstehen würde. Jetzt erinnerte ich mich auch an eine Begebenheit mit Christof, als dieser mir die

Karten legte. Etliche seiner Vorhersagen hatten sich schon bewahrheitet. Auch in diesem Fall glaubte ich fest an seine damaligen Prophezeihungen, denn er sagte mir Glück und Reichtum in einem fremden Land voraus.

Das Glück fand ich, und mein Reichtum war das „Glück." Ich glaubte und hoffte zugleich, daß ich das Tal der Tränen zum letzten Mal durchschritten hatte. Am Montag nahm ich meine Arbeit wieder auf. In den Abendstunden telefonierte ich täglich mit Reiner. Mittwoch, als ich von der Arbeit heimkehrte, überraschte mich ein Brief aus Lengerich. Brennend vor Neugier öffnete ich den Umschlag bereits im Hausflur und konnte kaum glauben, was Reiner mir da schrieb. Freudentränen des Glücks rannen über meine Wangen, als ich die wohl schönsten Zeilen las, die man einer Frau schreiben kann. Es war eine Mischung aus Liebeserklärung und Eheversprechen. Selig vor Glück taumelte ich in die Wohnung. Den Brief in beiden Händen haltend, las ich immer wieder Wort für Wort.

Lengerich, 7.7.82

Meine liebe Spomenka!

Heute möchte ich Dir auch einmal ein paar zärtliche Worte schreiben. Mein Wunsch, das zukünftige Leben an Deiner Seite zu verbringen, verstärkt sich von Tag zu Tag. Vielleicht ist es mir bald vergönnt, mit Dir den Bund fürs Leben einzugehen. Ja, ich möchte aus der Tiefe meines Herzens, daß Du recht bald meine Frau wirst. Du bist mein ganzes Glück. Jeder Tag ohne Dich ist für mich ein verlorener Tag. Liebling, ich will nur für Dich dasein. In guten, doch besonders in schweren Zeiten. Immer werde ich Dir treu bleiben und Dich beschützen. Du weißt, Geld und Gut kann ich Dir nicht bieten, dafür lege ich Dir meine ganze Liebe zu Füßen. In meinem Herzen wird es nie wieder Platz für eine andere Frau geben. Hebe Dir diesen Brief gut auf, denn dieses Versprechen gebe ich Dir beim Leben meiner Mutter, meiner Kinder und allem, was mir heilig ist. Mein größter Wunsch im Moment ist, daß Du recht bald und für immer nach Lengerich kommst. Heute ist schon wie-

der Mittwoch und somit die Arbeitswoche fast vorbei. Ich freue mich wie ein kleiner Junge auf das Wochenende. So mein Engelchen, ich will jetzt schließen, damit Du meine Zeilen morgen in den Händen hast.

Viele liebe Grüße und Küsse
Dein Reiner

Ja te volim

Noch bevor ich mir das Abendessen bereitete, griff ich zum Telefonhörer und wählte seine Nummer. Unbedingt wollte ich mich für seine Zeilen bedanken und ihm meine Zustimmung mitteilen. An diesem Abend dauerte unser Gespräch erheblich länger als üblich. Regelmäßig an den Wochenenden pendelte ich zwischen Düsseldorf und Lengerich hin und her. Im Laufe der Zeit richteten wir uns die Wohnung nach unser beider Geschmack neu ein. Einer baldigen Eheschließung stand eigentlich nichts im Wege, da wir beide frei und ungebunden waren, doch bedurfte dieser Schritt keiner besonderen Eile. Wir wollten uns, trotz des guten Einvernehmens, noch besser kennenlernen, auch die Schwächen des angebeteten Partners sollten dabei nicht unerkannt bleiben. Wir betrachteten die folgende Zeit auch als Testphase für die Zukunft.

Unsere Erfahrungen aus der Vergangenheit bewirkten, daß wir uns in der ersten Verliebtheit nicht ganz so schnell zu einer unüberlegten Handlungsweise hinreißen ließen. Auch der finanzielle Aspekt wurde dabei berücksichtigt, denn durch meinen Lohn ließ sich unser Wunsch nach neuen Möbeln erheblich schneller erfüllen. Eine gewisse Zeit sollte ich noch mitverdienen, um uns den Start zu erleichtern. Wohnte ich erst einmal in Lengerich, sollte mein Arbeitsleben in den Fabriken beendet sein. Er würde für uns sorgen, und ich wäre nur noch für ihn und den Haushalt zuständig. Das hieß aber keinesfalls, daß er sich als Macho aufspielte und mich zum dummen Hausmütterchen degradieren wollte. Er wußte ja, was es hieß, einen Haushalt vernünftig zu führen, denn alle Arbeiten wie Kochen, Nähen, Waschen und Bügeln waren ihm nicht fremd, und er würde auch zukünftig gerne mithelfen. Gemeinsame Kinder wären schön gewesen, doch auf Grund meiner Operation wurde dieses Thema alsbald ad acta gelegt. Es bedurfte keiner weiteren Diskussion, denn ich hatte ja meinen Sohn und er einen Sohn und zwei Töchter.

Im September entschlossen wir uns kurzfristig zu einem gemeinsamen Adriaurlaub. Dreiviertel des Jahres waren bereits um, und wir verfügten beide noch über den vollen Urlaubsbestand. Ohne vorher ein Quartier zu buchen, machten wir uns auf den Weg nach Süden. Nie zuvor war die Reise so schön, wie mit ihm. Selbst die Schikanen der jugoslawischen Zöllner störten mich nicht im geringsten. Gewohnheitsmäßig wurde der Kofferraum völlig umgekrempelt und die Fahrgastzelle peinlichst genau untersucht. Wie bereits in den Jahren zuvor fand man nichts, denn durch die häufigen Reisen dorthin waren mir die Artikel bekannt, die unverzollt eingeführt werden durften. Über die Küstenstraße entlang der Adria fuhren wir bis hinunter nach Vodice, einem malerischen, verträumten Ort zwischen Zadar und Split, acht Kilometer vor Sibenik. Es gefiel uns hier auf Anhieb, und ohne besondere Schwierigkeiten fanden wir ein Zimmer in einer Privatpension nahe am Strand.

Mit der Hauseigentümerin verstanden wir uns sehr gut, so daß sich im Laufe der nächsten Jahre eine tiefe Freundschaft entwikkelte. Vom ersten Tag an genossen wir Familienanschluß. Der Ehemann unserer Vermieterin arbeitete, wie ich, in Deutschland. Es war besonders ruhig um diese Jahreszeit, denn in diesem Ort war es in der Nachsaison nicht so überfüllt wie in Split oder Dubrovnik. Besonderer Anziehungspunkt war der große und geschützt liegende Hafen. Fast 500 Boote lagen hier vor Anker. Nicht umsonst beschrieb einmal die Illustrierte „Stern" diesen Ort als das St. Tropez der Adria. Im nahen Umland befanden sich die Krka Wasserfälle, und im Landesinneren ist das Naturschutzgebiet der Plitvicer Seen. Hier und in der näheren Umgebung wurden Teile der Karl-May Verfilmung „Winnetou" gedreht.

Eine herrlich abgelegene Bucht war als FKK-Gelände ausgewiesen, und wir benutzten dieses Areal ausgiebig für unsere Sonnenbäder. Kaum mehr als eine Handvoll Menschen besuchte regelmäßig diesen Strandabschnitt.

Die vielen Sehenswürdigkeiten, die wir besuchten, und die Tage am Strand gaben diesem Urlaub seine ganz besondere Note. Die Abende genossen wir in den zahlreichen Speiselokalen, in denen gegrilltes Lamm und Spanferkel sowie die gesamte Palette der dalmatinischen Küche serviert wurde. Ein guter heimischer Rotwein machte jede Mahlzeit zum Festessen.

Unmittelbar nach unserer Ankunft am Urlaubsort benachrichtigte ich Sascha, daß wir ihn in zwei Wochen besuchen wollten. Vom Flughafen Zadar buchten wir unseren Kurztrip nach Belgrad. Ich war angenehm überrascht, als ich unsere Tickets abholte, denn pro Person kostete ein Hin- und Rückflug nur 50 Mark. Vom Flughafen Belgrad aus fuhren wir mit dem Bus zu unserem verabredeten Treffpunkt. In einem Kurort in der Nähe von Belgrad trafen wir Sascha und seine Großmutter. Sie machte dort eine vierwöchige Kur, und Sascha besuchte sie dort. Bei herrlichem Sonnenschein verbrachten wir den ganzen Tag mit gemeinsamen Spaziergängen, und zum Mittagessen besuchten wir ein Restaurant inmitten des großzügig angelegten Kurparks. Leider war Sascha nicht sehr gesprächig, und somit wurden nicht alle meiner Fragen ausreichend beantwortet. Ich mußte ihm förmlich jedes Wort aus der Nase ziehen. Oma, die seine Wortkargheit nur zu gut kannte, sprang ab und zu mit einer Antwort ein. Sie unterrichtete mich bereitwillig über fast alle Geschehnisse der Vergangenheit.

In dieser Unterhaltung erfuhr ich einiges aus dem aktuellen Familienleben seines Vaters, und Oma machte keinen Hehl daraus, daß Damjans Leben mit seiner „großen Liebe“ gar nicht so glücklich war. Zu allem Unglück machte ihm ein schweres Krebsleiden sehr zu schaffen. Nach allem, was passiert war, konnte ich mich des Gedankens nicht erwehren, ob der Krebs vielleicht die Strafe für sein schlimmes Verhalten mir gegenüber war. Aber schnell verdrängte ich diesen Gedanken wieder. Wir waren schließlich nur hergeflogen, um Sascha zu sehen und ihm einige Geschenke zu übergeben. Keinesfalls wollten wir meine Verwandtschaft besuchen, und auch bei Papa und Tante Vera meldete ich mich nur telefonisch, bevor wir am späten Nachmittag nach Belgrad zurückfuhren.

Unser Rückflug zur Adria war für den nächsten Morgen 8 Uhr gebucht. Daher bemühten wir uns, noch eine angemessene Übernachtungsmöglichkeit in Belgrad zu finden. Fast schämte ich mich vor Reiner, als ich erkannte, mit welcher Unverfrorenheit die ausländischen Touristen abgezockt wurden. Alle von uns aufgesuchten Hotels im näheren und weiteren Umkreis des Bahnhofs handelten in der gleichen Weise. Ich, mit meinem jugoslawischen Paß, sollte für eine Übernachtung 10 Mark in Devisen bezahlen, und Reiner, mit deutschem Paß, 150 Mark. Dieser unverschämte Preisunterschied brachte mich fast zur Weißglut. Nur einem dummen Zufall verdankten wir eine preisgünstigere Übernachtung.

Im von uns zuletzt aufgesuchten Hotel saß eine ehemalige Schulkollegin von mir an der Rezeption. Es bedurfte einiger Überredungskunst, aber dann überließ sie uns zu einem recht akzeptablen Preis ein Doppelzimmer für 50 Mark. Ich aber war letztlich einfach nur froh, daß ich nach längerer Zeit endlich meinen Jungen wiedergesehen hatte. Und so genoß ich unsere restlichen Urlaubstage an der Adria ganz besonders. Am letzten Urlaubstag verabredeten wir uns mit Maria, unserer Vermieterin, fürs nächste Jahr um die gleiche Zeit.

Gern fuhr ich zurück nach Deutschland, in meine neue Heimat, denn Jugoslawien war nur noch das Land, in dem ich geboren bin.

Zu grausam waren die Erinnerungen, und selbst wenn ich zurückkehren wollte, welche Zukunftsperspektiven würden sich mir ergeben? Das freie Leben in einem freien Land würde ich freiwillig niemals aufgeben.

Nach der langen und anstrengenden Rückfahrt war Reiner, der fast ausschließlich hinter dem Steuer gesessen hatte, derartig geschafft, daß er selbst im Schlaf noch mit den Füßen kuppelte und bremste. Da erst wurde mir unsere unvernünftige Handlungsweise bewußt. Die etwa 1.500 Kilometer in knapp 20 Stunden. Derart übermüdet, konnten wir froh sein, mit heiler Haut die Fahrt überstanden zu haben.

Nach unserem Urlaub fehlte mir häufig die Lust, nach Düsseldorf zurückzufahren, um nach dem gemeinsamen Wochenende wieder zu arbeiten. Dieser Zustand sollte Ende November vorbei sein, als wir uns endgültig entschlossen, zusammenzuziehen. In der Lengericher Wohnung fühlten wir uns inzwischen beide recht wohl, auch war der gesamte Hausrat komplettiert worden. Eine wichtige Rolle spielte auch Reiners Argument, daß ich während der Winterzeit keinesfalls dem andauernden Pendelverkehr zwischen Lengerich und Düsseldorf, vor allem den glatten Straßen ausgesetzt sein sollte. Also kündigte ich nach reiflicher Überlegung meine Arbeitsstelle und die Wohnung. Mit viel Glück fand ich vor der Kündigungsfrist einen Nachmieter für die Wohnung. Zwei Wochen später wurde ich ohne Probleme aus dem Mietvertrag entlassen. Da ich in der Vergangenheit schon Stück für Stück die meisten meiner persönlichen Sachen mit nach Lengerich genommen hatte, blieben nur wenige Teile übrig, die ich am Tage des Auszugs im Auto verstaute. Ohne Wehmut verließ ich diese Stadt und freute mich auf meine neue Aufgabe als Hausfrau und Geliebte.

Unsere Partnerschaft entwickelte sich prächtig. Auch die kleinen alltäglichen Konflikte vermochten es in keiner Weise, unser Glück zu schmälern oder gar Schatten darauf zu werfen. Ebenfalls fand ich in unserer Hausgemeinschaft alsbald recht guten Kontakt. Die endgültige Verabschiedung vom Berufsleben fiel mir nicht besonders schwer, obwohl mich ab und zu das Gefühl überkam, in unserer kleinen Wohnung unterfordert zu sein. Die täglich anfallenden Arbeiten reichten bei weitem nicht aus, mich voll auszulasten.

Fast alle Besorgungen konnte ich bequem zu Fuß erledigen. Auf diese Weise lernte ich die Stadt und die Leute einigermaßen kennen. Außer an den Einkaufstagen hatte ich jedoch keine rechte Lust, allein Spaziergänge zu unternehmen. So konnte ich mich meiner Leidenschaft, der Handarbeit, ausgiebig widmen.

Bedingt durch mein bisheriges Berufsleben, hatte ich kaum Zeit gefunden oder, ehrlich gesagt, nach Feierabend nicht mehr die rechte Lust, mich diesem Hobby ausgiebig zu widmen. Jetzt war es an der Zeit, schlummernde Talente ans Tageslicht zu bringen und zu sticken. Mit jedem Bild, das ich stickte, entstand unter meinen Händen ein bleibender Wandschmuck von beträchtlichem Wert, ideell und materiell. Schnell machte meine Fertigkeit in unserem Bekanntenkreis die Runde. Einige Aufträge brachten mir alsbald immerhin ein Taschengeld ein. Ebenfalls beherrschte ich auch die Stickerei in Kreuzstichmotiven, und somit fanden Sofakissen, Tischsets oder kleine Deckchen als besondere Geschenkidee immer wieder Anklang. Mein Hobby verschaffte mir auch endlich den ersehnten Kontakt zu anderen Menschen, und ich lernte etliche Leute kennen.

Bald wurde der Kontakt zu Wally, einer Zahnarztfrau, besonders intensiv, und nach und nach entwickelte sich unsere Freundschaft. Unsere gemeinsamen Interessen brachten uns häufig zusammen. Manchmal konnten wir über simple Themen stundenlang diskutieren. Sie war eine gute Zuhörerin, verstand es aber auch, ihre Worte gezielt einzusetzen.

Die zweite, enge Vertraute lernte ich durch Reiners Sport kennen. Er ist leidenschaftlicher Sportkegler, und an den Trainingstagen begleitete ich ihn häufig auf die Kegelbahn. Da ich kein Interesse an diesem Sport hegte, beschränkte ich mich darauf, mich im Hintergrund zu unterhalten. Mit der Ehefrau eines Mannschaftskameraden kam ich schnell in Kontakt. Ebenso wie ich, ist Irmgard Hausfrau, und das ermöglichte es uns, daß wir uns tagsüber treffen konnten, während die Männer ihrer Arbeit nachgingen.

Unser Bekanntenkreis, der auch heute nicht gerade als klein zu bezeichnen ist, brachte aber nur Wally und Irmgard als wirkliche Freundinnen hervor, denn ihnen kann ich mit ruhigem Gewissen jegliche Geheimnisse anvertrauen. Sie sind beide etwas älter als ich, doch dieser Tatbestand hat mir auch damals bei Anna in keiner Weise geschadet. Der Umgang mit ihnen brachte aber noch einen weiteren positiven Aspekt mit sich, denn die Unterhaltungen lehrten mich die deutsche Sprache immer intensiver. Sie waren die einzigen, denen ich Sprachkorrekturen gestattete, ja sie sogar darum bat. Damit wollte ich keinesfalls Reiners Bemühungen untergraben, denn nach wie vor erträgt er mit viel Geduld die Lücken, die meine deutschen Sprachkenntnisse auch heute noch aufweisen.

Die Zeit verging, und einige einschneidende Begebenheiten stürmten auf mich ein. Meine Großeltern mütterlicherseits verstarben kurz hintereinander, und dieser Umstand bescherte mir einen neuerlichen Kontakt zu meiner Mutter. Ganz plötzlich meldete sie sich mit einem Brief, in dem es schien, als hätte es nie Schwierigkeiten zwischen uns gegeben. Anfangs sträubte ich mich noch, diesen Kontakt zu intensivieren, doch Reiner unterstützte Mutters Ansinnen, indem er ihr gute Absichten unterstellte. Vorsichtig und mit besonderer Skepsis stimmte ich einer Kontaktaufnahme zu, doch insgeheim überkamen mich die alten Angstgefühle, wenn ich nur an die Vergangenheit dachte.

Wir beschlossen, sie und Boro, ihren Ehemann, an einem verlängerten Wochenende in Paris zu besuchen. Nicht ohne Stolz wollte ich ihr den zukünftigen Schwiegersohn vorstellen. Dieser Besuch verlief exakt so, wie ich ihn Reiner schon prophezeiht hatte. Zur Begrüßung wurde mir nur mit einem erzwungenen Lächeln die Hand gereicht. Auch dieses Mal brachte Mutter es nicht fertig, mich einmal in den Arm zu nehmen und wie ein Kind, das man lange nicht gesehen hatte, zu begrüßen. Dieser Umstand ließ ganz besondere Wachsamkeit in mir aufkommen. Reiner hingegen wurde mit Freundlichkeiten regelrecht überschüttet. Eine Unterhaltung zwischen ihnen kam nicht zustande, denn Mutter sprach kein Deutsch und Reiner nicht Jugoslawisch oder Französisch. Als Dolmetscherin versuchte ich, beide ein wenig zu unterstützen. Ich hielt mich weitestgehend im Hintergrund, um ihr keinen Anlaß für eventuelle Streitereien zu geben, reichte doch häufig nur ein Wort, um diese gespielte Harmonie zu kippen. Da unsere geplante Hochzeit nicht mehr in allzu ferner Zukunft lag, schaute ich mich in der Stadt nach entsprechender Kleidung um. Beim Durchstöbern vieler Geschäfte fand ich eine entzückende Bluse aus französischer Spitze und einen Hut, der für diesen festlichen Anlaß hervorragend geeignet schien. Wir teilten ihnen mit, daß wir im Juni dieses Jahres heiraten wollten, und Reiner lud Mutter und Boro dazu ein. Sie sagten ihr Kommen zu, und auch ich willigte schweren Herzens ein. Ich sah es als schlechtes Omen an, wenn Mutter an diesem Tag dabeisein sollte.

Reiner teilte diese Skepsis nicht mit mir, und somit war die Einladung perfekt.

Langsam begannen die Hochzeitsvorbereitungen, und wir überlegten uns, welche Gäste eingeladen werden sollten. Meine ersten Einladungen verschickte ich an Papa, Sascha und Tante Vera.

Papa, der mittlerweile herzkrank war, scheute die lange Reise nach Deutschland. Aber auch in der Vergangenheit, als sein Herz noch in Ordnung war, ließ er einige Einladungen platzen. Tante Vera teilte mir mit, daß sie keinesfalls den Wunsch hegte, mit ihrer Schwester zusammenzutreffen. Seit einigen Jahren unterhielt sie keinerlei Kontakt mehr zu Mutter. Wäre diese Hochzeit nicht doch ein guter Anlaß, meine stark zerstrittene Familie wieder zusammenzuführen? Durch Reiners Unterstützung fühlte ich mich stark genug, diesen Schritt zu unternehmen und die treibende Kraft zu sein. Doch alle weiteren Bemühungen, Tante Vera nach Deutschland zu holen, schlugen fehl. Auch Sascha, der im Januar seinen 18. Geburtstag feierte, konnte ich nicht dazu bewegen, uns zu diesem Anlaß zu besuchen.

Ebenso gab es keinerlei Kontakt zu Reiners Kindern. Seine geschiedene Frau lebte wahrscheinlich noch im Mittelalter, denn sie verbot ihnen jeglichen Kontakt zum Vater. Die Androhungen waren sogar so massiv, daß sie drohte, zu dem Kind ihren Kontakt abzubrechen, das sich ihrem Verbot zu widersetzen wagte. Die Vorbereitungen liefen trotzdem auf Hochtouren, und der Tag unserer Eheschließung rückte immer näher. Anna, die ich ebenfalls einlud, sagte erst einige Tage vorher wegen Krankheit ab. Ursula folgte hocherfreut unserer Einladung, denn sie war es doch, die die Anfänge unserer Liebe miterlebt hatte.

Am 24. Juni 1983 war es soweit, und einer der glücklichsten Tage in meinem Leben begann. Es war der Tag, an dem mir Gott und der Staat Reiner offiziell zur Seite stellten. Wir verlebten einen angenehmen Tag mit einigen Freunden und Verwandten bei gutem Essen und Trinken. Um im eigenen Haushalt nicht die gesamte Arbeit zu haben, die aus der Bewirtung der Gäste hervorgeht, mieteten wir uns in einer gemütlichen Gaststätte mit vorzüglicher Küche ein. Mutter und Boro machten ihr Versprechen wahr und nahmen an dieser Feier teil. Bereits eine Woche zuvor reisten sie an. Wir verlebten eine recht angenehme Zeit, da ich mich grundsätzlich aus aufkommenden Streitgesprächen heraushielt. Bemerkenswert erschien es mir, daß sie in Reiners Gegenwart nicht die Streitlust entwickelte, die ich von ihr kannte. Doch eines haftete ihr immer noch an, und das kehrte sie am Hochzeitstag besonders heraus. Sie spielte sich als sorgende Mutter ganz besonders in den Vordergrund und lenkte das Augenmerk der Gäste auf sich, indem sie sich ab dem Mittag viermal umzog.

Ganz besonders froh darüber war ich, daß noch eine jugoslawischsprechende Familie an diesem Fest teilnahm, so fanden alle schnell die Möglichkeit, sich zu unterhalten. Ich mußte mich also nicht ständig um sie kümmern und übersetzen. Mutter blieb noch eine weitere Woche, bevor sie mit Boro nach Paris zurückfuhr. Diese Woche kam mir besonders lang vor, denn jetzt, wo der normale Alltag wieder einkehrte, bemühte sie sich nicht mehr so krampfhaft, die Friedenspflicht zu wahren. Einige Kontroversen gehörten einfach zum Tagesgeschehen, doch ich ließ mich in dieser Situation in keiner Weise provozieren. Ihre Meinung war nach wie vor Gesetz, und sie war weiterhin der Überzeugung, daß ich, mittlerweile siebenunddreißig Jahre alt, ihr niemals widersprechen durfte.

Es erleichterte mich ungemein, als sie am Ende ihres Besuches in den Zug stieg und im großen und ganzen ein größerer Krach ausgeblieben war. Wir verabredeten uns, sie im Herbst oder zum Jahreswechsel zu besuchen. Gleich am nächsten Tag begannen wir mit den Reisevorbereitungen, denn als Hochzeitsreise genehmigten wir uns einen vierwöchigen Adriaurlaub bei Maria in Vodice. Diese Art des Urlaubs gefiel uns beiden ganz besonders, denn einerseits war er recht preisgünstig, und andererseits erhielt ich die Möglichkeit, wenigstens einmal im Jahr meinen Sohn zu treffen.

In diesem Jahr wollten wir nicht zu ihm reisen, sondern wir luden ihn ein, zwei Wochen Ferien mit uns gemeinsam zu verbringen. Dieses Zusammentreffen lag mir besonders am Herzen, damit er Reiner etwas näher kennenlernen konnte und somit ein gewisser Kontakt zustande kommen könnte. Schließlich entschloß ich mich, mein zukünftiges Leben an Reiners Seite zu verbringen, und es gereichte letztlich allen zum Vorteil, wenn ein gutes Einvernehmen vorherrschte.

Die erste Urlaubswoche verbrachten wir allein, danach gesellte sich Sascha zu uns. Die Formulierung „zu uns gesellen“, war arg übertrieben. Ich hatte mir so sehr ein gutes Einvernehmen erhofft, und es schlug fehl. Nicht, daß er sich mit Reiner nicht verstanden hätte, aber er ließ einfach niemanden an sich heran. Alle geplanten Unternehmungen blockte er ab. Die einzigen Gemeinsamkeiten, die er während dieser Zeit zuließ, waren die Mahlzeiten. Ansonsten setzte er sich allein in den Garten, oder wir begegneten ihm rein zufällig am Strand oder im Ort. Immer wieder versuchte ich es, einmal ein ausgiebiges Gespräch mit ihm zu führen, um vieles aus der Vergangenheit erklären zu können und um ihn besser zu verstehen. Doch das war nicht möglich. Fragen wurden fast nur mit ja oder nein beantwortet. Selbst während der Mahlzeiten kam niemals eine wirkliche Unterhaltung zustande. Immer, wenn ich ihn darauf ansprach, flüchtete er in Ausreden oder er verließ wortlos den Raum und ging seiner Wege.

Nach einigen vergeblichen Versuchen gab ich auf, denn sein Verhalten signalisierte mir unmißverständlich, daß er in Ruhe gelassen werden wollte. Geschenke und Geld waren dagegen stets willkommen, doch ein Dankeschön schien in seinem Sprachschatz nicht zu existieren. Mehr als enttäuscht zog ich nach diesen zwei Wochen Bilanz und mußte leider feststellen, daß man nur mit Geld, aber nicht mit guten Worten an ihn herankam. Seit seiner Kindheit hatte ich versucht, mir seine Liebe mit teuren Geschenken zu kaufen. Aber ich hatte nichts erreicht. Als Mutter sucht man verzweifelt den Kontakt zu seinem Kind, doch darf diese Suche nicht immer und immer wieder ins Leere stoßen. Zukünftig würde ich ihm zwar helfen, wo ich konnte, aber aufdrängen wollte ich mich nicht länger. Was blieb, war die Hoffnung, daß wir eines Tages doch noch zueinander finden würden.

Nach Saschas Abreise versuchten wir, unsere letzte Urlaubswoche in vollen Zügen zu genießen. Etliche Unternehmungen, die wir gemeinsam mit Sascha vorhatten, machten wir jetzt allein, und am Ende dieses Urlaubs kehrten wir ernüchtert, aber gut erholt heim. Ich war wieder einmal um einige schmerzliche Erkenntnisse reicher.

Auch zu Hause wurde ich die wehmütigen Gedanken an meinen Sohn lange nicht los. Reiner versuchte mit Erfolg, mich auf andere Gedanken zu bringen. Bereits vor unserem Urlaub sprachen wir häufig darüber, wie ungern ich allein spazieren ging, wenn er zur Arbeit war. Oft hatte ich, mehr nebenbei, erwähnt, daß mir ein kleiner Hund meine Freizeit um einiges verschönern könnte. Reiner erklärte mir eingehend, daß es keine Möglichkeit gäbe, in diesem Mietshaus einen Hund zu halten, denn der Vertrag spräche sich eindeutig gegen Haustierhaltung aus. Das hielt mich jedoch nicht davon ab, dieses Thema gelegentlich aufs Tapet zu bringen. Und Reiner beschäftigte sich offenbar intensiv mit dieser Sache. Eines Abends lud er mich ein, mit ihm zusammen einen Bekannten zu besuchen. Ich warf mir eine Weste über die Schultern und fragte, wohin wir führen, doch er antwortete nur mit einem Lächeln und sagte, ich solle abwarten. Wir setzten uns ins Auto und fuhren einige Kilometer quer durch die Landschaft, bis er den Wagen vor einem mir unbekannten Haus abstellte. Wir stiegen gemeinsam aus, und er klingelte.

Als sich die Haustür einen Spalt breit öffnete, wieselte ein kleines hellbraunes Hündchen an ihm vorbei und lief direkt auf mich zu. Es handelte sich um einen etwa 12 Wochen alten Rüden, eine Mischung aus Dackel und Besset oder ähnliches, denn der Körperbau glich dem eines Dackels, und die langen Ohren konnten nur von einem Besset sein. Wir wurden gebeten, hereinzukommen, und ich hielt dieses kleine Energiebündel auf dem Arm, was ihm sichtlich gefiel. In einem geräumigen Wintergarten nahmen wir an einem runden Tisch Platz. Ich wartete ständig darauf, daß Reiner mir seine Bekannten vorstellte, doch nichts dergleichen geschah. Erst als er mich fragte, ob ich den kleinen Hund mitnehmen wolle, begriff ich endgültig, was gespielt wurde.

Überglücklich drückte ich den kleinen Racker an mich und sagte ja. Spontan gab ich ihm einen Namen und bestimmte, daß er ab sofort Bobby heißen sollte.

Erst jetzt rückte Reiner mit der ganzen Vorgeschichte heraus, denn bislang glaubte ich ja, daß dieser Hund seinen Bekannten gehörte. Schon etliche Wochen vor unserem Urlaub hatte er ein Gespräch mit dem Vermieter geführt, der grundsätzlich nichts gegen einen Hund in seinem Haus einzuwenden hatte. Eine große Hürde galt es aber noch zu nehmen, denn um eine entsprechende Änderung im Mietvertrag vorzunehmen, bedurfte es der Einwilligung aller betroffenen Mietparteien. Nach einigen Gesprächen stimmten diese unter der Bedingung zu, daß jegliche Verunreinigungen durch den Hund sofort beseitigt werden müßten. Einige ältere Mitbewohner hatten befürchtet, daß so ein kleiner Hund sein Geschäft im Hausflur verrichtete. So bekam Reiner schließlich die Genehmigung und ich meinen so heiß ersehnten Hund.

Von diesem Abend an war ich voll beschäftigt, fast wie mit einem Kind. Ständig achtete ich darauf, daß er nicht allzuviel Blödsinn machte oder gar an Stromkabeln knabberte. Mit viel Liebe und Geduld schafften wir es, ihn innerhalb von vier Wochen zur Stubenreinheit zu erziehen. Er war ein friedlicher und umgänglicher kleiner Kerl, den alle Hausbewohner bald in ihr Herz geschlossen hatten. Sein Bellen innerhalb der Wohnung beschränkte sich auf ein Minimum. Im ausgewachsen Zustand brachte er immerhin 12 Kilo auf die Waage, aber er war dabei in keiner Weise dick. Ein Energiebündel par excellance mit besonderen Eigenschaften, die ihm auch außer Haus einen hohen Beliebtheitsgrad einbrachten. Bereits als Welpe verhielt er sich Fremden gegenüber neutral, und dieses Wesensmerkmal behielt er auch jetzt. Wir legten es niemals darauf an, einen scharfen Wachhund zu haben, sondern uns genügte ein guter Haushund.

Bobby hatte auch nichts gegen Uniformen. Ganz im Gegenteil, unseren Briefträger liebte er nahezu abgöttisch, was auch wohl auf Gegenseitigkeit beruhte. Die Begrüßung entwickelte sich zu einem täglichen Ritual, denn Bobby setzte sich immer zur gleichen Zeit im Flur auf den Teppich und erwartete das Klingeln. Über die Gegensprechanlage erfragte ich, wer dort sei, und nach der Antwort, „die Post“, gab es kein Halten mehr. Außer sich vor Freude, rannte er aus dem zweiten Stock hinunter an die Haustür, um sich die Streicheleinheiten des Briefträgers abzuholen. Mit der Post im Maul kehrte er dann zurück und übergab sie mir stolz und schwanzwedelnd. Bobby begleitete uns überallhin, auch im Urlaub durfte er an unserer Seite bleiben. Die Einquartierung in einer Hundepension oder bei Freunden oder Verwandten kam nicht in Frage. Das Autofahren bereitete ihm große Freude, und somit bedurfte es keiner weiteren Überlegungen, den gemeinsamen Urlaub zu planen.

In diesem Jahr trafen wir Sascha nur an einem Wochenende am Standort seiner Garnison, denn er leistete während dieser Zeit seinen Militärdienst ab. An Urlaub war für ihn in den ersten sechs Monaten nicht zu denken.

Lediglich an einem Wochenende bekam er Ausgang, um sich mit mir und Reiner zu treffen. Ich unterstützte ihn während der gesamten Militärzeit mit monatlichen finanziellen Zuwendungen, damit er sich über seinen Sold hinaus mal etwas leisten konnte. Nach unserer Rückkehr aus dem Urlaub schrieb ich ihm weiterhin regelmäßig. Aber auch im nächsten Jahr reichte sein Vokabular nur aus, um weitere Wünsche zu äußern.

Mit meinem Bobby hatte ich weiterhin viel Freude. Erst bei unseren gemeinsamen Spaziergängen stellte ich fest, daß Menschen aus der Nachbarschaft, die vorher nicht einmal einen Gruß zur Tageszeit übrig hatten, recht gesprächig wurden. Leider wurde Bobby eines Tages von einem Auto angefahren und starb noch am Unfallort. Beim Toben auf dem Rasen war er versehentlich auf die Straße geraten. Es geschah so blitzschnell, daß wir keine Möglichkeit hatten, das zu verhindern.

Etwa zu dieser Zeit träumte ich eines Nachts von Zora. In diesem Traum traf ich bei einem Spaziergang durch die Stadt auf eine Bettlerin. Als ich das Gesicht der Frau sah, erkannte ich Zora. Sie erinnerte mich an die Zeit, die ich bei ihr verbracht hatte, und sie forderte mich auf, ihr zu helfen. Als ich aus diesem Traum schweißgebadet erwachte, kam es mir vor wie eine Aufforderung, mich sofort mit ihr in Verbindung zu setzen, da sie dringend meiner Hilfe bedurfte. Ich dachte darüber nach, durch welche Umstände dieser Kontakt gänzlich unterbrochen worden war. Besondere Vorwürfe diesbezüglich brauchte ich mir eigentlich nicht zu machen, denn während meiner vergangenen Urlaubsreisen hatte ich immer wieder versucht, Kontakt aufzunehmen, doch ich traf niemals jemanden an. Auch sie machte regelmäßig zu dieser Zeit Urlaub. Auch mußte ich zugeben, daß ich in den ersten Jahren in Deutschland auch weiterhin eigene, teils schwerwiegende Probleme hatte. Aber ich will mich nicht herausreden, denn einige Zeilen hätte ich schon schreiben können. Also setzte ich mich hin und schrieb ihr einen langen Brief mit einer Zusammenfassung der vergangenen Jahre. Einige Wochen später bekam ich einen ebenso langen Brief von ihrer Tochter Jelena. Sie teilte mir mit, wie froh sie darüber sei, endlich einige Zeilen von mir zu erhalten, doch das allerwichtigste dabei war, daß sie endlich meine Anschrift erhielten. Alle von ihr an mich gerichteten Briefe seien zurückgekommen mit dem Vermerk „Unbekannt verzogen".

Jetzt erst konnte sie mir mitteilen, daß Zora, ihre Mutter, bereits vor knapp vier Jahren verstorben sei und ihr Vater Kosta einige Wochen, bevor mein Brief ankam, ebenfalls verstarb. Eine unbeschreibliche Trauer überkam mich, denn jetzt machte ich mir erhebliche Vorwürfe, daß ich so viele Jahre nichts hatte von mir hören lassen. Erst jetzt wurde mir wieder bewußt, wieviel diese beiden Menschen für mich getan hatten. Viele Erlebnisse und Begebenheiten aus meiner schweren Zeit liefen wie ein Film vor meinem geistigen Auge ab. Ohne ihre Hilfe wäre ich niemals zu dem geworden, was ich heute bin. Den begangenen Fehler konnte ich an Zora und Kosta nicht wieder gutmachen, doch sollten ab sofort ihre Kinder ein wenig von mir zurückerhalten.

Als erstes brachte ich einige Zeilen meiner aufrichtigen Anteilnahme zu Papier und legte einen angemessenen Geldbetrag bei, damit Jelena wenigstens einen letzten Blumengruß an ihre Gräber bringen konnte. Die nächste Maßnahme besprach ich erst einmal mit Reiner, denn ich beabsichtigte, regelmäßig Pakete mit dringend notwendigen Artikeln dorthin zu schicken. Es entwickelte sich ein reger Briefwechsel zwischen uns. Jelena teilte mir mit, daß auch sie inzwischen glücklich verheiratet sei und drei Kindern das Leben geschenkt hatte. Ihr Bruder lebte bereits seit einigen

Jahren in Deutschland und sei mit einer deutschen Frau verheiratet.

Kaum mehr als 200 Kilometer von uns entfernt lebten ihr Bruder Krunislav und seine Frau Christiane in Stade. Mit ihnen nahmen wir alsbald Kontakt auf, und durch gegenseitige Besuche und Telefonate entwickelte sich eine Freundschaft zwischen uns, die wir auch heute noch pflegen.

Aufgrund der vielen schlimmen Ereignisse und Neuigkeiten dieses Jahres bestätigte sich ein lange von mir gehegter Verdacht. In einem ganz bestimmten Zyklus von jeweils zehn Jahren häuften sich schlechte Begebenheiten. Alle Jahre, die mit einer sechs endeten, waren für mich Tränenjahre. Mein Geburtsjahr ist das Jahr 1946, und genau betrachtet, liegt hier der Anfang. Im Jahr 1966 wurde die Scheidung von Damjan vollzogen, und man nahm mir meinen Sohn. Mein Leben am Rande der Gesellschaft begann. Weitere zehn Jahre später, also 1976, erfolgte meine zweite Scheidung von Rade und die Totaloperation mit allen ihren Nachwirkungen, die mir die schwere depressive Phase beschert hatten. Und jetzt, im Jahr 1986, lebte ich zwar glücklich mit meinem Partner zusammen, doch trotzdem gab es jede Menge Schicksalsschläge zu vermelden.

Papa war schwer an Krebs erkrankt. Er mußte in seiner kleinen Wohnung rund um die Uhr versorgt werden. Seine Leber und der Darm waren hauptsächlich davon angegriffen. Bobby war von einem Auto überfahren worden und nun die Todesnachricht von Zora und Kosta.

Das Zusammenleben mit Bobby hatte uns in der Vergangenheit viel Freude und schöne Erinnerungen gebracht. So entschlossen wir uns bereits vor unserem Urlaub, zukünftig nicht auf die Gesellschaft eines solch liebenswerten Hausgenossen zu verzichten. Durch Gespräche mit etlichen Hundebesitzern bekamen wir die Anschrift einer in Lengerich ansässigen Dackelzüchterin und fuhren zu einem persönlichen Gespräch dorthin. Schließlich sollte ein solcher Schritt mit allen Betroffenen ausführlich besprochen werden. Die Züchterin empfing uns abschätzend, und nach einem eingehenden Gespräch zeigte sie uns ihren jüngsten Dackelnachwuchs. Ihre Hündin hatte drei Tage zuvor fünf allerliebste Welpen zur Welt gebracht.

Selbst die kleine Dackelmama akzeptierte unsere Gegenwart, und wir konnten uns in aller Ruhe mit den Welpen befassen. Eine Auswahl zu treffen, erwies sich als recht schwer, doch wir entschieden uns für die Kleinste aus dem Wurf, das Nesthäkchen. Die Namen für den gesamten Wurf waren von der Züchterin bereits vergeben, damit die Anträge beim Züchterverband auf Ausstellung der Papiere eingereicht werden konnten. Die Hündin, die wir uns aussuchten, sollte auf den Namen „Bienchen" hören. Der volle Name im Stammbaum lautete „Bienchen vom Antruper Esch". Ganze 170 Gramm wog dieser kleine Wurm und gehörte zur Rasse der schwarz-roten Zwergdackel. Normalerweise müssen die Jungen volle acht Wochen bei ihrer Mutter bleiben, doch mit viel Überredungskunst erreichte ich eine Reduzierung auf sieben Wochen. Da am 14. September Reiners Geburtstag anstand, wollte ich ihn zu gern mit diesem Geschenk überraschen, und letztendlich willigte die Züchterin ein. Pünktlich zum Frühstück stand Frau Schallenberg am Geburtstagsmorgen mit unserem inzwischen 400 Gramm schweren Hund an der Haustür.

Die Überraschung war perfekt, und ab sofort richtete sich unser Tagesablauf fast nur nach Biene. Die nächsten Wochen, ja sogar Monate, war ich hauptsächlich damit beschäftigt, die Kleine mit viel Liebe und Geduld zu erziehen. Unsere Mühe zahlte sich bereits nach vier Wochen aus, denn von diesem Zeitpunkt an war sie stubenrein. Es war, als hätten wir uns gesucht und gefunden. Im Laufe der nächsten Monate entwickelte sie sich prächtig und entwickelte sogar eine Eigenschaft, die man bei Dackeln nicht allzu häufig antrifft, nämlich Gehorsam. Vor allem aber gab sie uns sehr viel Liebe und ehrliche Zuneigung. All diese positiven Eigenschaften stimmten mich einerseits recht froh und glücklich, doch andererseits war ich manchmal traurig darüber, daß mir mein eigener Sohn nicht einmal einen kleinen Teil der Liebe, die ich von Biene erhielt, entgegenbringt. Nur ein Bruchteil dessen ließe mich zum glücklichsten Menschen auf Erden werden. Doch man kann nicht alles haben. Alles in allem konnte ich mit meinem Leben recht zufrieden sein. Wir besaßen wieder einen kleinen Hund, und ich hatte das Glück, in Reiner einen aufrichtigen und ehrlichen Partner an meiner Seite zu haben.

Ein für mich wichtiger Entschluß reifte während dieser Zeit in mir heran. Da mein Herz und meine Seele bereits fest mit diesem Land verbunden waren, entschied ich mich, alles daran zu setzen, um die deutsche Staatsbürgerschaft zu erlangen. Ich stellte häufig fest, daß selbst mein Unterbewußtsein sich längst auf meine neue Heimat eingestellt hatte, denn in meinen Träumen sprach ich deutsch. Der schriftliche Antrag war alsbald gestellt, doch bis alle Hürden genommen wären, würden noch etliche Monate vergehen. Die wichtigste Voraussetzung für diesen Schritt war die Freigabe aus der jugoslawischen Staatsbürgerschaft. Zu meiner großen Verärgerung vergingen bis dahin fast zwei Jahre. Ich verstand nicht, warum sich die Behörden mit meiner Freigabe so viel Zeit ließen, denn ich hatte mein Leben lang nie das Gefühl, daß diesem Land etwas an mir lag. Bevor die Ausbürgerung vollzogen wurde, keimte noch einmal der Wunsch in mir, mit Reiner einen Urlaub in der Gegend zu verbringen, in der ich aufgewachsen war. Sechs Jahre nacheinander hatten wir unseren Urlaub an der Adria verbracht, mit nur kurzen Abstechern ins Landesinnere. Den nächsten Urlaub wollte ich in der Nähe meines kranken Papas und von Tante Vera verbringen.

Ich empfand einfach eine gewisse Verpflichtung meinem Papa gegenüber. Und mein Gefühl sagte mir, daß es eventuell die letzte Gelegenheit sein könnte, ihn lebend zu sehen. Ich hatte es gelernt, in den letzten Jahren Abstand zu gewinnen, um mich so in die Lage zu versetzen, diesen Ort noch einmal zu besuchen. Die schrecklichen Erlebnisse würden mir hoffentlich nicht mehr allzu viel zu schaffen machen. Und ich wollte auch Reiner alles zeigen. Einige Zeit wohnten wir in Belgrad bei Tante Vera, die ein kleines Häuschen im Diplomatenviertel Dedinje besaß. Von hier aus starteten wir unsere Besichtigungstouren durch die Stadt. Anschließend fuhren wir weiter zu Papa. Dort wollten wir bis zu unserer Rückkehr verbleiben. Es war schrecklich, mitansehen zu müssen, was der Krebs aus diesem ehemaligen Hünen gemacht hatte.

Schmal im Gesicht und vom Schmerz gezeichnet, mußte ich ihn erleben, doch sein Lebenswille war noch ungebrochen. Sein Sohn und seine Schwiegertochter und auch seine Tochter und die Enkelkinder kümmerten sich rührend um sein Wohlergehen, sogar seine erste Frau brachte ihre Kraft mit ein.

Sascha und seine Oma trafen wir ebenfalls. Bereits aus den letzten Briefen hatte ich eine erhebliche Verbesserung des ehemals so angespannten Verhältnisses feststellen können. Bei unserem neuerlichen Zusammentreffen behandelte sie mich wieder wie eines ihrer Kinder, ohne Rücksicht darauf zu nehmen, daß ihr Sohn mit einer anderen Frau verheiratet war. In dieser Ehe wurde der Schein der Harmonie wohl nur in der Öffentlichkeit gewahrt. Als sie Reiner nun zum ersten Mal begegnete, umarmte sie ihn sehr herzlich und bat mich, ihre Worte zu übersetzen. Sie freute sich, ihn kennenzulernen und sei sehr glücklich darüber, daß ich in ihm einen so guten und einfühlsamen Menschen gefunden habe. Für unseren weiteren Lebensweg wollte sie uns alles erdenklich Gute wünschen. Gramgebeugt erzählte sie von ihrer Familie und wie schwer krebskrank Saschas Vater sei.

Sascha erwähnte in der Vergangenheit die Krankheit immer nur am Rande, doch wie schlimm es wirklich um seinen Vater stand, verschwieg er. Da ich nun wußte, daß Damjan nicht lange zu leben hatte, entschloß ich mich, mit Reiner im Rücken, reinen Tisch zu machen und noch einmal mit ihm zu sprechen. All meinen Mut mußte ich zusammenfassen, um ihm noch einmal gegenüberzutreten. Als ich das Haus und anschließend den Raum betrat, in dem er sich aufhielt, lief mir ein kalter Schauer über den Rücken. In einem Spezialbett lag er wie aufgebahrt, nur noch aus Haut und Knochen bestehend. Fast unheimlich erschien es mir, als er mich aus seinen tiefliegenden, fast leeren Augen anblickte. Es sah so aus, als ob sein Haupt- und Barthaar seit Jahren nicht mehr beschnitten worden war, und der spärliche Haarwuchs gab dem gesamten Erscheinungsbild etwas Dämonisches. Meinen geschiedenen Mann erkannte ich in diesem Menschen nicht wieder.

Hätte ich mich mit ihm allein in diesem Raum befunden, wäre ich vor Furcht abrupt aus dem Haus gelaufen. Ich erzählte ihm, daß all seine Versuche, mich von Sascha fernzuhalten, fehlgeschlagen waren und ich in der Vergangenheit regelmäßig Kontakt zu Sascha und Oma hatte. Ich berichtete ihm auch, daß wir sogar im letzten Sommer zusammen Urlaub an der Adria gemacht hätten. An seiner Gestik merkte ich, daß Damjan mir etwas mitteilen wollte. Er verstand meine Worte genau, doch war es ihm nicht mehr vergönnt, darauf zu antworten.

Seit einigen Monaten war er gelähmt, und das Sprachzentrum war dadurch ebenfalls in Mitleidenschaft gezogen. Saschas Stiefmutter antwortete für ihn. Sie erzählte mir, daß Sascha vorgegeben hatte, mit einem Schulfreund diesen Urlaub geplant und verbracht zu haben. Er hatte sich dafür sogar noch Geld geben lassen. Einigermaßen entrüstet über die Tatsache, stellte ich die Sachlage richtig und erklärte, daß unser Sohn den gesamten Urlaub inklusive der Fahrtkosten von uns als Geschenk erhalten hatte. Es fiel mir leichter, als ich gedacht hatte, endlich reinen Tisch zu machen. Ich stellte ebenfalls klar, daß all die kleinen und großen Geschenke der letzten Jahre von mir und nicht von Omas Schwester aus Wiesbaden gekommen waren. Nach etwa einer Stunde verließ ich das Haus und stellte erleichtert fest, daß endlich einmal die Wahrheit in diese vier Wände gedrungen war. Es war allerdings beschämend zu sehen, daß Sascha selbst seinen schwerkranken Vater noch ständig belog und betrog.

Ich war froh, daß sich diese unschöne Begegnung nicht am Anfang unseres Urlaubs abgespielt hatte, denn ich verspürte nun nur noch den Wunsch abzureisen. An einer Weiterführung des Urlaubs lag mir nichts mehr, ich wollte nur noch zurück in meine Heimat, nach Deutschland. Etwa eine Woche früher als geplant, kehrten wir zurück, und Reiner war mir deshalb kein bißchen böse, ja, er verstand mich sogar. Es sollte ein Abschied für immer sein, denn bis zum heutigen Tag habe ich die Landesgrenze nicht wieder überschritten. Jetzt waren auch die letzten Zweifel in mir ausgeräumt, und die Entscheidung zum Wechsel der Staatsbürgerschaft erschien mir richtig. In Deutschland fand ich zu meiner Ruhe und Ausgeglichenheit zurück, und niemand hätte es fertiggebracht, mich noch einmal umzustimmen. Unser Leben lief in geordneten

Bahnen, und ich wartete sehnsüchtig auf meine Unterlagen aus Jugoslawien.

Von Sascha erhielt ich die Nachricht, daß sein Vater endlich von seinem Leiden erlöst worden war. Die Tatsache, daß der Vater verstorben war und das Verhältnis zu seiner Stiefmutter nicht gerade das beste war, bewogen ihn wohl dazu, seinen Besuch bei mir anzukündigen. Glücklich über diese Nachricht, übermittelte ich ihm sofort mein Einverständnis. Zwei Wochen vor Weihnachten kam er dann per Flugzeug in Düsseldorf an. Freudestrahlend wollte ich ihn am Flughafen in die Arme schließen, doch als er auf mich zukam, überfiel mich lähmendes Entsetzen. Ich kannte ihn kaum wieder, denn er trug einen zerzausten Vollbart, der sein Gesicht regelrecht entstellte. Das recht schüttere Haupthaar hing ihm lang und ungepflegt über den Kragen, und die Kleidung war nicht annähernd akzeptabel. Er trug eine abgetragene Jacke und ein paar ausgelatschte Turnschuhe, bei dem sich ein Zeh bereits durch die Schuhspitze gebohrt hatte. Die Jeans, die er trug, waren das einzige Kleidungsstück, das beinahe in Ordnung war, sie brauchten nur gewaschen werden. Es war mir fast peinlich, ihn so vor mir zu sehen, und so verließen wir auf dem schnellsten Weg das Flughafengebäude.

Seine mitgebrachten zwei Reisetaschen, die außer Zahnbürste und Rasierzeug nichts weiter enthielten, warfen wir in den Kofferraum des Autos und machten uns schleunigst auf den Heimweg. Auf meine Frage, warum er so abgerissene Kleidung trüge, antwortete er kurz und bündig. Er habe nichts anderes. Wir entschlossen uns spontan, dem „armen“ Jungen am darauffolgenden Tag neue Kleidung zu kaufen. Gemeinsam fuhren wir in die Stadt, um ihn einzukleiden. Sehr bedacht wählte er die Kleidungsstücke aus, bevor er sich entschloß, sie zu probieren. Reiner und ich sahen uns nur an und verstanden nicht, warum Sascha nur so wählerisch war. Schließlich wurde klar, daß er sich ausschließlich für teure Markenartikel entschied. Ärgerlich über diese Unverschämtheit zog ich ihn beiseite und machte ihm nachdrücklich klar, daß er damit bei mir an der falschen Adresse war. Wenn er es weiterhin wünschte, eingekleidet zu werden, was wohl unausweichlich erschien, müsse er sich mit dem zufrieden geben, was für uns noch finanzierbar bliebe.

Ohne weitere Sonderwünsche füllte sich der Kofferraum langsam mit diversen Kleidungsstücken. Eine warme Winterjacke mit modernem, jugendlichen Design, Jeans, Schuhe sowie Hemden und Pullover, einige Garnituren Unterwäsche und Socken. Wir planten, das Weihnachtsfest bei Mutter und Boro in Paris zu verbringen, und ich hätte mich zu Tode geschämt, ihn in den abgerissenen Klamotten mitzunehmen.

Drei Tage vor Heilig Abend fuhren wir los. Erst auf der Fahrt dorthin fiel uns ein, daß Sascha kein Visum besaß und wir bei einer Grenzkontrolle damit rechnen mußten, daß man uns zurückschickt. Es lief aber alles glatt, denn wir passierten die belgische und die französische Grenze ohne Paßkontrolle. Die Feiertage und auch der Jahreswechsel verliefen fast zufriedenstellend. Mutter gab mir immerhin zu verstehen, daß sie auch weiterhin mit uns Kontakt wünschte, doch sie konnte nicht aus ihrer Haut, und so blieb unser Verhältnis gespannt. Sie vermochte es nicht, mich bei noch so großer Freude einmal in den Arm zu nehmen. Auf diese herzliche Geste, die so vieles aus der Vergangenheit würde vergessen lassen, wartete ich auch diesmal vergeblich. Durch unser ständiges Zusammensein merkte ich auch, daß irgend etwas mit meinem Sohn nicht stimmte. Er mußte irgendwelche Probleme haben. Unterhaltungen kamen mit ihm nach wie vor nicht zustande, und Situationen, bei denen ein Gespräch hätte aufkommen können, vermied er geschickt. Nie wollte er gemeinsam mit uns etwas unternehmen, und auch die Pariser Sehenswürdigkeiten reizten ihn nicht. Gezielten Fragen wich er aus. Er verließ das Haus allein und kam häufig schon nach weniger als einer Stunde zurück.

Lediglich seinem chronischen Geldmangel konnte er Ausdruck verleihen. Doch dann kamen wir endlich dahinter. Die Spielleidenschaft hatte ihn erfaßt, ja, er war regelrecht süchtig danach. Jede Gelegenheit, Lose und Lotteriescheine zu erwerben, wurde genutzt. Lotto spielte er im großen Stil und erhoffte sich schnellen Reichtum. Es war erschreckend. Unmittelbar nach Weihnachten, an einem Sonntag abend, wartete er gespannt vor dem Fernseher auf die Veröffentlichung der Lottozahlen. Er hielt in jeder Hand einen Tippschein und vermerkte darauf gewissenhaft die gezogenen Nummern. Anschließend verschwand er mit diesen Zetteln im Bad. Nach etwa zwanzig Minuten kehrte er zurück, ging in die Küche und warf diese Scheine wutentbrannt in den Müll. Diese Situation war es, die meine Neugierde weckte. Ich ging heimlich an den Mülleimer und zog zu meinem Entsetzen gleich einen ganzen Stapel entwerteter Tippscheine heraus. Er hatte sein gesamtes Barvermögen, das Weihnachtsgeld von Mutter und Boro, etwa 600 FF = 200 Mark, für diese Tipperei verschwendet. Als ich ihn darauf ansprach, bekam ich nur die sehr freche Antwort, daß es einzig und allein seine Sache sei, was er mit seinem Geld mache. Ich zog es vor, nicht mehr darüber zu diskutieren, doch die Erkenntnis, daß mein Sohn ein Spieler war, versetzte mir einen weiteren Tiefschlag.

Nach den Feiertagen fuhren wir zurück nach Deutschland. Am Ende seines vierwöchigen Urlaubs eröffnete Sascha mir freimütig, daß es ihm sehr gut bei uns gefiele und er gern für immer bleiben wolle. Ich war total überrascht und mußte erst mal kräftig schlucken, bevor ich auf diese Frage antworten konnte. Wie sehr hatte ich diese Situation einmal erhofft, doch zu diesem Zeitpunkt ergab sich für uns keinerlei Möglichkeit, seinen Wunsch zu verwirklichen. Zum einen ließ der Gesetzgeber eine solche Übersiedlung nicht zu, zum anderen war der Zug einer normalen Familienzusammenführung längst abgefahren.

Mein Wissen über seine Spielsucht machte mir Angst. Und sein jahrelanges ablehnendes Verhalten hatte doch einen Keil zwischen uns getrieben. Doch ich wollte mich keinesfalls für immer von ihm trennen. Ich ermutigte ihn, wieder heimzufahren, da er dort einen zukunftssicheren Arbeitsplatz in der Metallbranche innehatte.

Als ob noch nicht genug passiert wäre, erhielt ich am Abend vor seiner Abreise abermals einen gehörigen Dämpfer. Eine achtlos in den Raum geworfene Äußerung ließ mich vollends an seiner Aufrichtigkeit mir gegenüber zweifeln. Die Reisetaschen waren gepackt, und er warf nach dem Duschen seine getragene Unterwäsche und die Socken achtlos zur Seite. Ich hob diese Teile auf, steckte sie in einen Beutel und beabsichtigte, dieses Päckchen in eine der Reisetaschen zu stecken. In diesem Moment riet er mir, diese Sachen doch in den Müll zu werfen, denn er hätte es nicht nötig, schmutzige Wäsche mitzunehmen. Es verschlug mir wirklich die Sprache. Mit Mühe schaffte ich es gerade noch, ihn nach dem Grund für seine Überheblichkeit zu fragen, und er sagte mir lächelnd, daß er zu Hause genügend Sachen habe und auf diese Teile nicht mehr angewiesen sei. Am liebsten hätte ich alle hier gekauften Sachen aus den Taschen gerissen, so wütend war ich. Doch es gelang mir, mich zu beherrschen. Insgeheim aber schwor ich mir, mich niemals wieder von ihm so ausnutzen zu lassen. Schließlich unterlag es meiner und Reiners Entscheidung, ihn jemals wieder einzuladen.

Wir brachten ihn zum Flughafen, und es dauerte einige Wochen, bis mich eine kurze Nachricht von ihm erreichte – natürlich ohne ein Wort des Dankes. Nach dem Tod seines Vaters lebte Sascha weiterhin bei seiner Großmutter, die für sich selbst auf vieles verzichtete, um ihm vieles zu ermöglichen. Der Kontakt zwischen ihr und mir wurde durch regelmäßige Post und Telefonate aufrechterhalten.

Es bereitete mir große Freude, ihr ab und zu kleinere Geschenke aus Dankbarkeit für ihre Aufopferung zu übersenden. Neue Kraft schöpfte ich einzig und allein aus der Liebe, die Reiner und unsere kleine Biene mir entgegenbrachten. Bislang mußten wir mit sehr bescheidenen Geldmitteln zurechtkommen. Doch plötzlich verbesserte sich unsere Situation schlagartig. Reiner brauchte keinen Unterhalt mehr für seine inzwischen volljährigen Kinder bezahlen. Diese positive Entwicklung weckte in uns den Wunsch, in eine größere Wohnung umzuziehen. Die uns bislang zur Verfügung stehenden 55 qm hatten sich als recht eng erwiesen. Ab sofort studierten wir in der örtlichen Presse alle Wohnungsofferten. Wir beschränkten uns nicht nur auf Vermietungen, passende Eigentumswohnungen kamen ebenfalls in Frage.

Purer Zufall ließ uns über eine Anzeige stolpern, in der eine Eigentumswohnung mit Garage und Garten angeboten wurde. Fast magisch zog uns das kleine und nichtssagende Inserat an.

Reiner vereinbarte mit dem Anbieter ein Treffen für den gleichen Abend. Mächtig aufgeregt fuhren wir bereits eine halbe Stunde vor der Zeit los, um die Lage des Hauses vorher zu studieren.

Die angegebene Adresse erwies sich als ein Neubau in ruhiger Lage am Ortseingang von Tecklenburg, einem Nachbarstädtchen von Lengerich. Dieser kleine Ort mit seinem altertümlichen Marktplatz, der Freilichtbühne und der Burgruine hatte mich schon immer fasziniert. Das besondere Flair dieser Stadt genießen ebenfalls die zahlreichen Urlauber, die jeden Sommer die Straßen bevölkern. Das Haus stand inmitten der angrenzenden Gartenanlagen von vier Nachbarn, deren Bauten fast gleichzeitig fertiggestellt worden waren. Die Häuser waren kaum drei Jahre alt, und der Baum- und Strauchbewuchs in und um die Gartenanlagen war noch recht niedrig. Von der Straße aus führte ein gepflasterter Weg, gesäumt mit kleinen Tannen, zum Eingangsbereich. Zum vereinbarten Zeitpunkt läuteten wir an der Haustür, und ein junger Mann öffnete die Eingangstür im ersten Stock, zu der eine von außen angebrachte Stahltreppe führte. Nicht schlecht ausgedacht, ging es mir durch den Kopf, denn auf diese Art wurde der Wohnraumverlust durch ein innenliegendes Treppenhaus vermieden, und die Bewohner hatten einen separaten Eingang. Beim Betreten des Flures fiel mir sofort die Kassettenvertäfelung unter den Dekken auf, die aus heller Eiche war. Dunkle Türen mit Messingbeschlägen standen in gutem Kontrast zu den hellen Tapeten. Am Ende das Flures gelangte man in das strahlend helle Wohnzimmer mit angrenzendem Eßzimmer. Eine dreieinhalb Meter breite Fensterfront vom Boden bis zur Decke ließ viel Licht hinein. Man bot uns Platz und etwas zu trinken an, anschließend bekamen wir detaillierte Informationen zum Gebäude und allem, was dazugehörte. Die Besichtigung der anderen Räume verlief zu unserer vollsten Zufriedenheit, ebenfalls gewährte man uns einen Einblick auf den Dachboden, der sich zusätzlich als Gästezimmer ausbauen ließ.

Die gesamte Wohnung war etwa 70 qm groß und entsprach genau unseren Vorstellungen in Aufteilung und Größe. Ohne weitere Umschweife stand unser Entschluß fest. Diese Wohnung wollten wir haben, und mit einem Vorvertrag wurde der Kauf noch am selben Abend vereinbart. Knapp drei Wochen später saßen wir bei einem Notar, der den Kauf rechtsgültig besiegelte.

Die Zeit bis zur Übernahme reichte aus, um einen Nachmieter für die bisherige Wohnung zu finden und einen Großteil der bisherigen Einrichtung zu verkaufen. Am 1. August 1990 begann für uns ein neuer Lebensabschnitt in den eigenen vier Wänden. In wenigen Tagen waren alle Räume frisch gestrichen, und Reiner begann danach mit dem Ausbau des Dachgeschosses.

Der Umzug als solches war kaum von Bedeutung, denn wir brauchten nur kleinere Gegenstände zu transportieren, da die komplette Wohnungseinrichtung, bis auf die fest installierte Einbauküche, neu angeliefert wurde. Einige Tage danach, als innerhalb der Wohnung alles unseren Vorstellungen entsprach, begann ich, den Garten nach meinem Geschmack herzurichten. Hierbei ließ Reiner mir völlig freie Hand, lediglich bei den körperlich schweren Arbeiten half er mir. Nun konnte ich also damit beginnen, unser kleines Paradies zu gestalten.

Wir umgaben es mit einem Holzzaun, und zur Vervollständigung baute Reiner noch eine überdachte Sitzecke. Unser kleiner Feigenbaum, den ich vor einigen Jahren von der Adria mitgebracht hatte, erhielt hier einen Ehrenplatz als Erinnerung an unsere Hochzeitsreise. Während der Gartenarbeit dachte ich auch noch mal an meine früheren Behausungen. Damals hatte ich an der Hauswand meiner Behelfswohnung Kapuzinerkresse ausgesät und mit meinen Tränen begossen.

Heute sind das zum Glück nur noch schlechte Erinnerungen. Ich habe meine jetzige Situation schätzen gelernt und versuche, kaum noch an jene Zeit zurückzudenken. Dieses Kapitel habe ich endgültig abgeschlossen, und ich will nun alles tun, mein vorhandenes Glück zu wahren. Als Krönung all dieser Ereignisse erhielt ich den Bescheid meiner Einbürgerung. Das feierten wir gebührend.

Einen heimlichen Wunsch aber hegte ich bei all meinem Glück immer noch. Trotz vieler Enttäuschungen, die mir mein Sohn bereitet hat, wäre ich doch froh darüber, ihn in der Nähe zu haben.

Wie schnell sich dieser Wunsch verwirklichen sollte, konnte ich mir zum damaligen Zeitpunkt noch nicht vorstellen. Nach dem Ausbruch des Krieges in Jugoslawien riß der Kontakt zu ihm fast gänzlich ab. Die Telefonleitungen waren ständig gestört, und Briefe gingen immer wieder verloren. Eines Tages erhielt ich von Sascha einen Anruf, daß er zum Militär eingezogen werden sollte und er sich seither auf der Flucht befände. Ich machte mir große Sorgen um ihn. Wenn seine Flucht scheiterte, würde er in irgendeinem Lager oder gar im Gefängnis landen. Diese Ungewißheit zerrte stark an meinen Nerven, und meine Stimmung war zu dieser Zeit auf dem Nullpunkt. Ich betete Tag und Nacht für ein glückliches Ende.

Der erlösende Anruf erreichte mich am 5. Dezember 1992 nachmittags. Er rief mich aus Ungarn an und teilte mir mit, daß er am folgenden Tag gegen Mittag mit einem Reisebus in Düsseldorf eintreffen würde. Hocherfreut und mehr als nur erleichtert, fuhren wir am Nikolaustag nach Düsseldorf, um ihn abzuholen. Jetzt war es mir egal, daß er nur mit den Sachen ankam, die er am Leibe trug, dafür war er aber körperlich unversehrt. Auf der Heimfahrt erzählte er von seiner Odyssee durch die serbischen und kroatischen Wälder bis nach Ungarn. Am nächsten Werktag gingen wir mit ihm zur Behörde, wo er einen entsprechenden Asylantrag stellte. Vom Sozialamt erhielt er ein kleines Taschengeld, da wir für seine Unterkunft und Verpflegung aufkamen. Abermals kleideten wir ihn neu ein, und nun begann Sascha, die deutsche Sprache zu lernen. Etwa vier Monate gaben wir ihm ein Zuhause, dann fanden wir ein möbliertes Zimmer und eine Arbeitsstelle. Der Erhalt einer Arbeitsgenehmigung war ebenfalls schnell geregelt. Einem Start in die Selbständigkeit stand nun nichts mehr im Wege.

Bis zum Erhalt seines ersten Lohnes sorgten wir selbstverständlich noch für sein leibliches Wohl. Eine Grundausstattung an Lebens- und Reinigungsmitteln sowie Bestecke, Teller, Tassen und einige Töpfe stellten wir ihm zur Verfügung, und auch die nächste Mietzahlung war auf seinem Konto.

Erst jetzt war ich vollends beruhigt, und es fiel mir nicht mehr schwer, ihn seinen eigenen Weg gehen zu lassen. Ich bin froh darüber, daß ich ihm nun doch noch eine bessere Zukunft ermöglichen konnte, doch liegt es jetzt auch an ihm selbst, was er daraus macht. Natürlich stehen Reiner und ich ihm weiterhin mit Rat und Tat zur Seite.

Die einzigen noch in Jugoslawien lebenden Menschen, die mir nahestehen, sind Papa, Tante Vera und Jelena mit Familie. Ihnen lasse ich von Zeit zu Zeit etwas Hilfe in Form von Paketen oder finanzieller Art zukommen. Dieser Krieg bewirkte in meiner Familie noch etwas, das ein Außenstehender vielleicht nicht begreifen kann. Das Verhältnis zu meiner Mutter war immer gestört, jetzt aber schaffte sie es, den Kontakt für alle Zeit zu unterbinden. Sie bezichtigte allgemein das deutsche Volk und natürlich im besonderen Reiner und mich, als Deutsche der Kriegstreiberei. Wir seien dafür verantwortlich, daß Kroatien unsere Unterstützung erhielte und dies ihrem serbischen Volk zum Nachteil gereiche. Mit fast 30 Jahren schlug sie mich das letzte Mal. Niemals wieder werde ich zulassen, daß mir so etwas passiert. Erst recht werde ich zu verhindern wissen, daß sie Reiner, mich oder mein Heimatland in den Schmutz zieht. Das war für mich ein Grund, die Beziehung zu ihr endgültig abzubrechen. Unsere Ehe gestaltete sich in den darauffolgenden Jahren als sehr harmonisch.

Das Jahr 1996 erwartete ich, aufgrund meines Aberglaubens, mit leichtem Unwohlsein. Reiners Vater erlitt schon im November 1995 einen schweren Herzinfarkt, von dem er sich nur langsam erholte, denn er ist fast 81 Jahre alt. Am 10. Mai verstarb mein Papa, schwer vom Krebs gezeichnet. Ich konnte es erst gar nicht fassen, denn genau zwei Tage zuvor hatten wir miteinander telefoniert. An diesem Tag hatte er sich besser gefühlt als an etlichen Tagen zuvor. Es brach eine kleine Welt zusammen, und mir wurde klar, wieviel er mir bedeutet hatte. Am schlimmsten war für mich die Tatsache, daß es mir durch unsäglichen Bürokratismus verwehrt wurde, ihm die letzte Ehre zu erweisen. Mir blieb nur die Möglichkeit, jemanden zu beauftragen, der in meinem Namen einen Kranz auf sein Grab legte.

Gerade einmal sechs Wochen vergingen, und wir wollten am 24. Juni unseren Hochzeitstag feiern, als wir von Reiners Bruder die Nachricht erhielten, daß auch sein Vater verstorben war. Aus der Feier zum Hochzeitstag wurde eine Totenfeier, und drei Tage danach trugen wir ihn zu Grabe. Auch Reiners Welt geriet dadurch ins Wanken. Aufgrund dieser beiden, kurz aufeinanderfolgenden Todesfälle in unserer Familie bin ich absolut in meiner Einstellung gestärkt, daß mir die sechs am Ende der Jahreszahl nicht viel Gutes bringt.

Von meiner Familie blieben mir nur noch Tante Vera und mein Sohn Sascha. Bereits seit fünf Jahren lebt er nun bei uns in Tecklenburg und wartet darauf, daß über seinen Asylantrag entschieden wird. Als Ersatz für meine Familie habe ich eine innige Beziehung zu meinen Freundinnen, auf die ich mich immer verlassen konnte.

Heute bin ich 51 Jahre alt, glücklich und voller Liebe. Ich habe ein Haus, ein kleines Paradies und einen Mann, der mich liebt und den ich von ganzem Herzen liebe. Reiner ist der Mann, der meine Sehnsucht nach Geborgenheit erfüllt hat. Und jetzt weiß ich, was Liebe ist. Ein Geschenk Gottes! Wir sind jetzt 14 Jahre verheiratet, und niemals möchte ich all das wieder hergeben.

So etwas ist einmalig. Das ist mein ganzes Kapital, und mehr brauche ich nicht. Seit neun Jahren waren wir nicht mehr im Ausland, um Urlaub zu machen. Einladungen zu Bekannten nach Schweden, Australien und Amerika konnten mich nicht dazu bewegen, mein Paradies zu verlassen. Unsere kleine Dackeldame Bienchen, die mittlerweile elf Jahre alt ist, erfreut uns täglich mit ihrer Herzlichkeit und Treue. Reiner ist auf einem Fortbildungsseminar, und während ich allein im Garten sitze, ist mein Leben wie in einem Film vor meinem geistigen Auge abgelaufen.

Es ist schon nach Mitternacht. Die Vögel sind verstummt, nur die Eule im nahegelegenen Wald ist zu hören. Langsam gehe ich ins Haus und lege mich ins Bett. Eine Träne fällt auf das Kopfkissen. Ich weiß nicht, ob aus Trauer oder vor Glück, vielleicht beides. Es ist ein Abschied von meiner Vergangenheit. Ich habe mein Paradies gefunden.

Meine Sehnsucht nach Glück hat sich erfüllt.